MW01601196

DIVIDIDOS POR LA FE

DE LOS APÓSTOLES A LAS MEGAIGLESIAS
¿COMO UNA SOLA FE SE DIVIDIÓ EN 45.000
DENOMINACIONES?

LOAMMI ABIEZER

Divididos por la fe

De los apóstoles a las megaiglesias

¿Cómo una sola fe se dividió en 45.000 denominaciones?

© **Loammi Abiezer, 2025**

Diseño de portada: Loammi Abiezer

Diagramación: Loammi Abiezer

ISBN: 978-9945-29-518-4

Indice

SEXTA PARTE: PERSPECTIVA HISTORICA GLOBAL Y DENOMINACIONES DESAPARECIDAS

"La batalla mas larga de la humanidad no fue entre reinos, sino entre doctrinas".

Prólogo

A lo largo de dos mil años de historia, el cristianismo ha sido una fuerza poderosa que ha moldeado civilizaciones, impulsando imperios, desatado conflictos y generado profundas transformaciones culturales. Desde su nacimiento en una pequeña provincia del Imperio Romano hasta su expansión global en una multitud de expresiones y denominaciones, el cristianismo no ha sido una corriente uniforme, sino un río caudaloso que se ha dividido una y otra vez en múltiples afluentes.

Este libro no pretende explicar doctrinas, dogmas ni verdades de fe. No busca tomar partido ni emitir juicios sobre lo correcto o lo erróneo. Lo que aquí se ofrece es un recorrido histórico y narrativo, una crónica ordenada de cómo surgieron las principales divisiones dentro del cristianismo, cómo se ramificaron en diferentes iglesias, y quiénes fueron los protagonistas clave que marcaron cada etapa de ese proceso.

Los inicios del cristianismo están profundamente enraizados en el contexto del judaísmo del siglo I y en la geopolítica del Imperio Romano. Desde el primer concilio celebrado en Jerusalén, donde se debatió si los gentiles debían seguir la ley mosaica, hasta los grandes concilios ecuménicos que intentaron definir la unidad doctrinal y organizativa de la fe, el cristianismo ha estado en constante evolución. En estos momentos fundacionales, figuras como Constantino el Grande, emperador convertido en mecenas del cristianismo, y Teodosio I, quien lo convertiría en religión oficial del imperio, fueron actores decisivos en el paso de una religión perseguida a una religión imperial.

Con el tiempo, las tensiones culturales, lingüísticas, teológicas y políticas llevaron a rupturas profundas. El cisma entre Oriente y Occidente en 1054, la Reforma Protestante del siglo XVI, y el surgimiento de nuevas denominaciones en los siglos posteriores marcaron hitos en la diversificación del cristianismo. Cada división no sólo produjo nuevas formas de organización eclesial, sino también nuevos liderazgos, nuevas formas de entender la práctica religiosa y nuevas expresiones de identidad colectiva.

Este libro está dividido en secciones que siguen un orden cronológico, para facilitar la comprensión del desarrollo de los acontecimientos. Se presta especial atención a los concilios más decisivos —el de Jerusalén, el de Nicea, el de Constantinopla, el de Éfeso, el de Calcedonia y el de Trento—, por su impacto duradero en la configuración del cristianismo. Asimismo, se analizan los papeles individuales de reformadores, patriarcas, emperadores y líderes espirituales que contribuyeron —voluntaria o involuntariamente— a las divisiones que hoy conocemos.

En la parte final del libro se presenta un "Atlas de las ramas cristianas", con resúmenes de cada una de las principales denominaciones actuales, sus fechas de origen, personajes destacados y contexto histórico. También se incluye un análisis del papel que jugaron los imperios —romano, bizantino, germánico, británico, ruso y otros— en la expansión o fragmentación de las diferentes expresiones del cristianismo.

Este libro no es una apología ni una crítica. Es un intento por contar una historia que, más allá de las creencias, es parte esencial de la memoria humana: la historia de cómo la fe que un día unió a una comunidad en torno a un mensaje, terminó dividida en ramas diversas, cada una afirmando su fidelidad a las raíces comunes.

Porque para entender las diferencias de hoy, es imprescindible conocer el camino recorrido, porque para trazar un mapa del presente, hay que mirar con claridad el pasado. Porque seguimos divididos por la fe.

El autor

Introducción

Las divisiones del cristianismo no surgieron de la noche a la mañana. Fueron el resultado de decisiones, disputas, contextos sociales, tensiones culturales, intereses políticos y búsquedas sinceras de fidelidad a una tradición que, desde su origen, se ha debatido entre la unidad espiritual y la diversidad humana.

Este libro no es una guía teológica, ni un tratado doctrinal, ni una defensa de alguna denominación cristiana sobre otra. Es un recorrido histórico y narrativo por el camino complejo y fascinante que recorrió el cristianismo desde su nacimiento en Judea hasta las múltiples expresiones que hoy existen en todo el mundo. Desde los primeros concilios hasta los modernos movimientos pentecostales, pasando por emperadores, teólogos, reformadores y comunidades perseguidas, este relato se basa únicamente en los hechos históricos documentados.

La narrativa se desarrollará en orden cronológico. Comenzaremos con las raíces del cristianismo en el judaísmo del siglo I y los primeros conflictos entre sus seguidores. Exploraremos los principales concilios ecuménicos —en especial el de Jerusalén, Nicea, Constantinopla, Éfeso, Calcedonia y Trento— que moldearon la estructura de la Iglesia y marcaron sus puntos de quiebre. Analizaremos el rol decisivo que jugaron figuras como Constantino el Grande, Teodosio I, Martín Lutero, Juan Calvino, Thomas Cranmer y muchos otros, cuyo impacto todavía resuena en nuestras sociedades.

Dedicaremos especial atención a cada gran ramificación: la Iglesia Ortodoxa Oriental, las iglesias orientales no calcedonianas, la Iglesia Católica Romana, el protestantismo en sus distintas formas, y los movimientos modernos que han surgido fuera de estos cauces tradicionales. Cada rama será presentada con su contexto de origen, fecha estimada, personajes clave y una breve descripción de su evolución histórica.

Además, se incorporará un mapa conceptual que desarrolla el surgimiento de cada denominacion principal y se detallaran todas las subdiviciones dentro de las mismas, así como una sección final que resume cronológicamente las principales ramificaciones del cristianismo a lo largo de los siglos.

Comprender esta historia no es solo una forma de conocer el pasado. También es una vía para comprender el presente: la diversidad cristiana que hoy vemos en templos, liturgias y comunidades no es el resultado del caos, sino de un proceso largo, profundamente humano y, a la vez, históricamente inevitable.

Este es, pues, un viaje a través del tiempo. Un intento de narrar, sin juzgar. De comprender, sin imponer. De contar cómo, estando unidos por la misma raíz, el cristianismo se fue ramificando... y dividiendo por la fe.

Primera Parte

Las raíces del cristianismo: del judaísmo a una nueva identidad

Los orígenes del cristianismo

En los primeros años del siglo I de nuestra era, en una región periférica del Imperio Romano llamada Judea, surgió un movimiento religioso que, con el tiempo, transformaría radicalmente la historia de la humanidad. A diferencia de los grandes sistemas filosóficos que nacieron en Atenas o las religiones milenarias gestadas en Asia, este movimiento tuvo un origen humilde, casi invisible para los poderes de su tiempo.

Contexto histórico y religioso del siglo I

La Judea del siglo I era un territorio marcado por la tensión. Bajo el dominio de Roma, el pueblo judío vivía entre la esperanza mesiánica y la resistencia cultural. La expectativa de un Mesías —un ungido de Dios que restauraría la gloria de Israel— estaba profundamente arraigada en la conciencia colectiva, alimentada por las Escrituras y por siglos de opresión extranjera.

En medio de ese escenario aparece la figura de Jesús de Nazaret, un predicador itinerante que proclamaba un mensaje de renovación espiritual, justicia, compasión y cercanía del "Reino de Dios". Rodeado de discípulos y según las escrituras bíblicas recorrió pueblos y aldeas, sanando enfermos, confrontando autoridades religiosas y desafiando las estructuras de poder con sus parábolas y enseñanzas.

Aunque su ministerio fue breve, de apenas unos años, su impacto fue profundo. Su crucifixión a manos del poder romano, con la colaboración de autoridades religiosas locales, pareció ser el fin de su movimiento. Pero sus seguidores, convencidos de que había resucitado de entre los muertos, comenzaron a proclamar su mensaje con más fuerza que nunca.

El Jesus histórico

Huellas históricas de un predicador del siglo I

En el primer tercio del siglo I de nuestra era, en una remota provincia del Imperio Romano, comenzó a circular el nombre de un hombre procedente de la región norteña de Galilea. Su nombre era Jesús, y su actividad no dejó grandes inscripciones ni monedas, pero con el tiempo su recuerdo —amado o combatido— se expandiría como pocos.

No fue rey, ni soldado, ni filósofo oficial. No escribió libros ni dejó testamento. Sin embargo, los testimonios indirectos recogidos por cronistas romanos y judíos, así como los efectos sociales de su figura en décadas posteriores, han permitido a los historiadores reconstruir —con prudencia, pero con seguridad razonable— un perfil verificado: el Jesús histórico, ajeno a interpretaciones religiosas, pero real en su tiempo y circunstancia.

Fuentes externas y verificables

Aunque la figura de Jesús es más conocida por los textos cristianos, los historiadores trabajan sobre fuentes externas y neutras, que lo ubican como personaje real en el entramado del siglo I romano.

1. Flavio Josefo (37–100 d.C.)

Historiador judío, escribió Antigüedades judías alrededor del año 93. En ella hace dos referencias a Jesús:

- Una, conocida como el Testimonium Flavianum, describe brevemente a Jesús como un hombre sabio, ejecutado bajo Poncio Pilato. Aunque algunos pasajes fueron modificados por copistas cristianos, la mayoría de los académicos coinciden en que hay un núcleo auténtico, que menciona a Jesús como personaje histórico.

- Otra referencia más segura habla de "Santiago, hermano de Jesús, llamado el Cristo", en un relato de sucesión en el sumo sacerdocio judío.

Estas menciones muestran que Jesús era una figura reconocida incluso fuera del cristianismo, apenas seis décadas después de su muerte.

2. Tácito (c. 56–120 d.C.)

En su obra Anales, escrita hacia el año 116, el historiador romano menciona que el emperador Nerón culpó a los "cristianos" del incendio de Roma en el año 64. Allí escribe:

> *"Cristo, el fundador del nombre, había sido ejecutado por orden del procurador Poncio Pilato durante el reinado de Tiberio."*

Tácito no simpatizaba con los cristianos, lo que refuerza el valor histórico de su testimonio: no era propaganda, sino registro frío de un hecho. El texto confirma la ejecución de Jesús por las autoridades romanas, y su asociación con un movimiento posterior.

3. Plinio el Joven (c. 61–113 d.C.)

En una carta al emperador Trajano, Plinio describe a los

cristianos de la provincia de Bitinia en Asia Menor como personas que:

> *"Se reúnen en ciertos días antes del amanecer, y cantan himnos a Cristo como a un dios."*

Si bien no menciona directamente a Jesús como personaje histórico, evidencia la existencia de comunidades organizadas que lo reconocían como figura central, ya a inicios del siglo II.

4. Luciano de Samosata y Suetonio

Otros autores como Luciano, un satírico griego del siglo II, se refieren burlonamente a los cristianos y a su fundador "crucificado". Suetonio, en su obra Vida de los Césares, menciona disturbios "a instancias de un tal Chrestus" en Roma bajo el reinado de Claudio. Algunos lo asocian con Jesús, aunque el dato es ambiguo.

Perfil histórico básico

A partir del consenso historiográfico contemporáneo (historiadores como Bart Ehrman, E. P. Sanders, Gerd Theissen, Maurice Casey, entre otros), se puede reconstruir un retrato mínimo del Jesús histórico, sin elementos sobrenaturales ni religiosos:

- Origen: Galilea, región norte de Palestina, entonces parte del Imperio Romano. Probablemente nació a finales del siglo I a.C. o comienzos del I d.C.

- Condición social: De clase baja, posiblemente artesano o trabajador manual. Su entorno era rural y periférico al centro religioso de Jerusalén.

- Actividad pública: Fue un predicador itinerante, activo durante un corto período (tal vez 1 a 3 años), con fuerte mensaje ético y posiblemente crítico del sistema religioso y político de su tiempo.

- Conflicto: Fue arrestado por las autoridades judías y entregado a los romanos. Fue ejecutado por crucifixión, una pena capital reservada a rebeldes, esclavos y agitadores políticos.

- Consecuencias: Su muerte no detuvo el movimiento. Al contrario, grupos de seguidores comenzaron a expandir su mensaje, lo que desembocó en la formación del cristianismo como movimiento diferenciado del judaísmo.

¿Qué hace a Jesús relevante históricamente?

Lo que distingue a Jesús de otros líderes ejecutados por Roma no es la magnitud de sus actos públicos (que fueron localizados), sino el hecho de que su memoria sobrevivió, creció y se transformó en un movimiento duradero.

Históricamente, eso se explica por varios factores:
- Su ejecución pública y cruel le dio el perfil de mártir.

- El contexto social de ocupación y tensión mesiánica hizo que muchos vieran en él una figura transformadora.

- La rápida organización de sus seguidores, y su habilidad para adaptarse a contextos urbanos del mundo grecorromano, extendieron su influencia más allá de Palestina.

No hay evidencia arqueológica directa (como objetos personales o restos físicos), pero sí hay evidencia documental indirecta fuerte que respalda su existencia y ejecución.

Desde una perspectiva puramente histórica, Jesús de

Nazaret fue una figura real, ubicada en tiempo, lugar y circunstancia. No fue el único predicador de su época, ni el único crucificado por Roma, pero su memoria trascendió como pocas.

No se puede escribir la historia del cristianismo —ni buena parte de la historia de Occidente— sin reconocer la existencia y legado de un hombre cuya vida marcó un antes y un después, incluso entre quienes no comparten la fe que lleva su nombre.

Del grupo de discípulos a una comunidad

Tras la muerte de Jesús, un pequeño grupo de seguidores, encabezado por figuras como Pedro, Santiago el Justo y más adelante Pablo de Tarso, empezó a formar comunidades en Jerusalén y otras regiones del imperio. Al principio, estos primeros cristianos no se consideraban una religión separada del judaísmo, sino una corriente dentro de él, convencida de que el Mesías prometido había llegado.

Estas comunidades mantenían prácticas judías como el sábado, la oración en el Templo y el seguimiento de la ley mosaica, pero poco a poco, a medida que gentiles (no judíos) se sumaban al movimiento, surgieron tensiones internas sobre qué tan estrictos debían ser en el cumplimiento de la Ley.

El primer conflicto: ¿quiénes podían ser cristianos?

La creciente inclusión de no judíos provocó el primer gran debate en el naciente cristianismo: ¿debían estos nuevos creyentes someterse a la circuncisión, las leyes dietéticas y demás prescripciones de la Torá? ¿O bastaba con la fe y el bautismo?

Este conflicto llevó al primer gran encuentro de

líderes cristianos conocido como el Concilio de Jerusalén, que marcará un punto de inflexión y que será abordado con más detalle en el próximo capítulo.

Cristianismo sin nombre

Durante estas primeras décadas, la comunidad de seguidores de Jesús no tenía un nombre definido. En el libro de los Hechos se menciona que fue en Antioquía donde, por primera vez, se les llamó "cristianos". Hasta entonces, eran conocidos como "el Camino" o "nazarenos", y aún estaban en una etapa de formación teológica, estructural y social.

Lo que sí se hacía evidente era que este grupo comenzaba a adquirir una identidad distinta, no sólo por su mensaje, sino también por su estilo de vida y por su capacidad para cruzar barreras étnicas, culturales y lingüísticas.

Persecuciones y crecimiento

El cristianismo primitivo no fue bien recibido por todos. En Jerusalén, los seguidores de Jesús fueron perseguidos por algunas autoridades judías, y en otras ciudades del Imperio, su negativa a adorar a los dioses romanos les trajo problemas. Sin embargo, paradójicamente, la persecución favoreció la expansión del mensaje, pues muchos cristianos huyeron y llevaron sus creencias a otras regiones.

Figuras como Pablo de Tarso fueron fundamentales en esta expansión. Judío de formación farisea y ciudadano romano, Pablo recorrió Asia Menor, Grecia y otras partes del Imperio fundando comunidades, escribiendo cartas y defendiendo la idea de un cristianismo abierto a todos los pueblos.

En sus primeros siglos, el cristianismo fue una religión marginal, a menudo mal comprendida por las autoridades romanas. Los cristianos eran acusados de ateísmo (por no adorar a los dioses del imperio), canibalismo (por la interpretación literal de la Eucaristía) y prácticas secretas.

Bajo emperadores como Nerón, Domiciano o Decio, se produjeron persecuciones intermitentes. Algunos cristianos fueron ejecutados públicamente; otros fueron obligados a apostatar. A pesar de ello, el número de creyentes crecía.

La comunidad cristiana se organizó en torno a obispos, que presidían las celebraciones litúrgicas y velaban por la fidelidad a las enseñanzas apostólicas. Cada ciudad importante contaba con su propia iglesia, dirigida por un obispo, y con comunidades de presbíteros y diáconos que ayudaban en la administración y la atención pastoral.

Entre las sedes más influyentes estaban Jerusalén, Antioquía, Alejandría, Éfeso y, progresivamente, Roma. Estas comunidades mantenían correspondencia, intercambiaban cartas, se advertían sobre herejías y compartían noticias de persecuciones y mártires.

Las persecuciones no fueron constantes, pero sí recurrentes. Muchos cristianos optaron por practicar su fe en la clandestinidad. Las catacumbas de Roma, por ejemplo, no solo eran cementerios, sino también lugares de culto donde se celebraba la Eucaristía lejos de la mirada imperial.

La sangre de los mártires, sin embargo, no extinguió el cristianismo: lo fortaleció. Figuras como Ignacio de Antioquía, Policarpo de Esmirna y, más tarde, Justino Mártir escribieron cartas y apologías que defendían la fe frente a sus críticos y mostraban la disposición de los creyentes a morir por Cristo.

Uno de los primeros en sistematizar la defensa del cristianismo frente a los poderes imperiales fue

Justino Mártir. En su Apología, escribió con serenidad y convicción:

> *"Nadie que haya conocido la verdad deja de preferir decir la verdad y morir, antes que mentir para salvar su vida."*

Estas palabras capturan el alma de los primeros siglos cristianos: una fe dispuesta a ser silenciada por la espada, pero no por la mentira.

En palabras del apologista Tertuliano, testigo de ese tiempo de prueba:

> *"La sangre de los mártires es semilla de cristianos."*

Mientras más crueles eran los castigos, más firme parecía la convicción de los creyentes. Allí donde Roma pensó que enterraba una secta peligrosa, en realidad sembraba las raíces de una religión que acabaría por transformar al mismo Imperio.

Hacia finales del siglo II, el cristianismo ya no era un pequeño movimiento local, sino una red bien organizada de comunidades que abarcaba el mundo romano. Su mensaje de salvación, vida eterna, igualdad ante Dios y consuelo en medio del sufrimiento lo hacía especialmente atractivo en una sociedad marcada por la desigualdad y la violencia.

Sin embargo, aún faltaba una figura que lo transformara de perseguido en protegido, y que pondría en marcha una nueva era para la Iglesia: Constantino el Grande.

Un movimiento que empezaba a transformarse en institución

Hacia finales del siglo I, el cristianismo ya se había extendido por varias regiones del Mediterráneo. Comenzaba a organizarse en torno a obispos, presbíteros y diáconos, y surgían los primeros textos que formarían, con el tiempo, el canon del Nuevo Testamento.

Aunque aún era un movimiento pequeño y sin poder político, su influencia empezaba a crecer. Las semillas estaban sembradas. Lo que había comenzado como una pequeña comunidad mesiánica en Judea, pronto se convertiría en una fuerza espiritual, social y política que marcaría el rumbo de la historia occidental.

El Concilio de Jerusalén(c. 50 d.C.)

El conflicto entre judeo cristianos y gentiles

La expansión del cristianismo entre los gentiles llevó inevitablemente al conflicto. Algunos cristianos de origen fariseo insistían en que los nuevos creyentes debían circuncidarse y observar la Ley de Moisés. Otros, como Pablo y Bernabé, defendían que la fe en Jesús era suficiente.

Ante esta disputa, los líderes de la comunidad cristiana primitiva se reunieron en Jerusalén en lo que se considera el primer concilio cristiano de la historia. La reunión estuvo presidida por Santiago el Justo, líder de la comunidad judeocristiana en Jerusalén y considerado hermano de Jesús.

Pedro, una de las figuras más respetadas entre los apóstoles, intervino recordando cómo el Espíritu Santo había descendido sobre los gentiles sin necesidad de que siguieran la Ley. Pablo y Bernabé relataron sus experiencias misioneras entre los paganos.

Finalmente, Santiago propuso una solución de compromiso: no imponer la Ley mosaica completa a los gentiles, sino establecer algunas normas mínimas relacionadas con la idolatría, la inmoralidad sexual y el consumo de sangre. Esta decisión, recogida en el libro de los Hechos de los Apóstoles, marcó un punto de inflexión.

Con este concilio, el cristianismo empezó a definirse como una fe universal, abierta a todos los pueblos, independiente de la Ley judía. Fue una primera gran división dentro del movimiento original: el cristianismo se separaba del judaísmo, aunque aún no como religión formalmente distinta.

Ilustración del Concilio de Jerusalén (ca. 49 d.C.), el primer gran encuentro doctrinal del cristianismo primitivo. Allí se debatió la relación entre la ley mosaica y los creyentes gentiles. Presidiendo: Santiago, Pedro y Pablo.

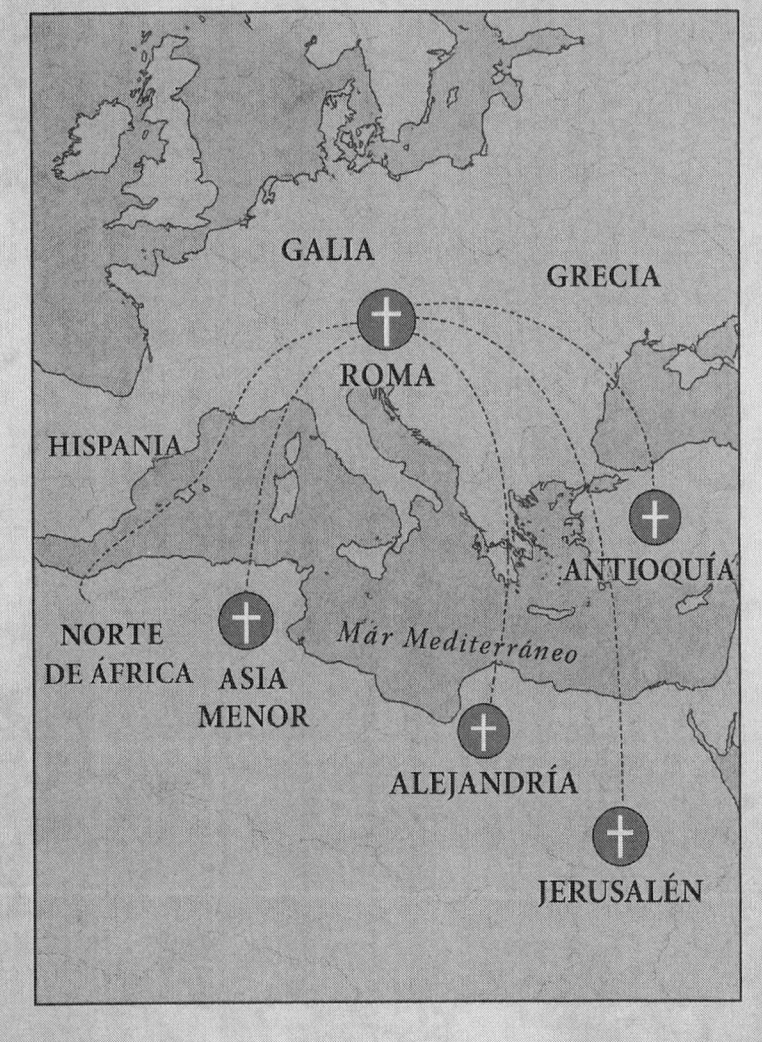

EXPANSIÓN DEL CRISTIANISMO
DESDE EL SIGLO I HASTA EL SIGLO IV

Católico: Origen histórico y verdadero significado

Mucho antes de que "católico" fuera el nombre de una iglesia organizada, fue una palabra griega usada para describir algo más profundo, más amplio y más antiguo: la idea de una fe que no se limitaba a una ciudad, a una cultura o a una generación. Era una palabra que sugería totalidad, inclusión, unidad extendida en el tiempo y en el espacio.

Ese término era **καθολικός** (katholikós), que en griego significaba literalmente "según el todo" o "universal".

El primer uso documentado: Ignacio de Antioquía (ca. 110 d.C.)

La primera vez que se registra el uso explícito de la palabra "católica" para referirse a la Iglesia aparece en una carta escrita por un hombre que jamás imaginó que su expresión sería adoptada institucionalmente siglos después.

Su nombre era Ignacio de Antioquía, un obispo cristiano de Asia Menor, arrestado por las autoridades romanas y conducido encadenado a Roma, donde sería ejecutado. Durante ese trayecto, escribió varias cartas a diferentes comunidades cristianas.

En su Carta a los Esmirnianos, escrita alrededor del año 110 d.C., Ignacio escribió:

> *"Donde esté el obispo, allí estará la comunidad, así como donde esté Cristo Jesús, allí está la Iglesia católica."*

En ese contexto, "católica" no significaba aún una denominación o institución particular. Significaba la comunidad cristiana en su totalidad, unida en fe, sin importar su ubicación geográfica.

De adjetivo espiritual a identidad institucional

Durante los siglos II y III, la palabra "católica" fue adoptada por diversos autores cristianos para diferenciar la enseñanza común de la Iglesia de las numerosas sectas o herejías que comenzaban a proliferar. El término se usaba para reforzar la idea de una Iglesia "verdadera" en sentido universal y apostólico, frente a grupos gnósticos, docetistas o montanistas que tenían doctrinas locales o privadas.

Así, el término adquirió tres sentidos:

1. Universalidad geográfica: la misma fe predicada en todas partes.

2. Unidad doctrinal: la continuidad con las enseñanzas de los apóstoles.

3. Legitimidad eclesial: estar en comunión con los obispos reconocidos.

En ese tiempo, todavía no existía una "Iglesia católica" como institución jerárquica mundial. "Católica" era una cualidad, no una estructura. Significaba estar dentro del cuerpo global de creyentes ortodoxos.

El uso en los credos antiguos

Con el paso del tiempo, la palabra se fue consolidando como parte del lenguaje oficial. En el siglo IV, durante el proceso de organización doctrinal tras el Concilio de Nicea (325 d.C.), los credos comenzaron a incluir la expresión.

En el llamado Credo Niceno-Constantinopolitano (finalizado en 381), aparece la fórmula:

> *"Creemos en una sola Iglesia, santa, católica y apostólica."*

Allí, "católica" significaba que la Iglesia era para todos los pueblos, enseñaba toda la verdad y estaba presente en todo lugar. No era un nombre propio, sino un adjetivo identitario: la Iglesia universal, frente a las divisiones locales o las doctrinas particulares.

Con el tiempo, el término fue asociándose a la estructura episcopal ligada a Roma. A partir del Gran Cisma de Oriente en 1054, el adjetivo "católico" empezó a usarse como un distintivo de la Iglesia occidental frente a la Iglesia ortodoxa del Este.

La Iglesia de Roma reclamaba ser la Iglesia católica verdadera, mientras que en Oriente se afirmaba que la Iglesia ortodoxa también era "católica" en su sentido original, al conservar la fe de los primeros siglos.

A partir de la Reforma protestante en el siglo XVI, "católico" se convirtió en un término de identidad confesional, ligado específicamente a la Iglesia Católica Romana, en contraposición a los reformadores.

La palabra "católico" nació como un adjetivo humilde en una carta escrita camino al martirio. No era un nombre de marca, ni una bandera institucional, sino una forma de describir la unidad de la fe que atravesaba fronteras, idiomas y culturas.

Con los siglos, esa palabra se convirtió en título, estructura y denominación. Pero su origen etimológico y su primer uso histórico conservan la memoria de un tiempo en que "católica" significaba simplemente esto: una fe común, extendida por el mundo, unida por la memoria de un maestro crucificado y por la esperanza de su mensaje.

Segunda Parte

De la fe marginal al poder imperial

El fin de la persecución: Galerio y el edicto que cambió la historia

La imagen es conocida: Constantino el Grande, en pleno poder, proclamando libertad religiosa para los cristianos, firmando el famoso "Edicto de Milán" que supuestamente puso fin a siglos de persecución. Es una historia sencilla, útil para monumentos y manuales escolares. Pero como muchas historias que parecen demasiado redondas, no es del todo cierta.

El cristianismo no fue legalizado por primera vez en Milán, ni la paz llegó de manos de Constantino en solitario. La historia real empieza dos años antes, en un rincón del Imperio, con un emperador enfermo, olvidado por muchos, pero fundamental para la Iglesia: Galerio.

Como bien indicamos en el capítulo anterior, desde fines del siglo III, el Imperio Romano había intensificado sus políticas de represión contra el cristianismo. El emperador Diocleciano, con su conocida eficiencia administrativa, lanzó en el año 303 d.C. la última gran persecución imperial, conocida como la Gran Persecución. Templos fueron destruidos, libros sagrados quemados, y miles de cristianos obligados a elegir entre la apostasía o la muerte.

Uno de los más fervientes impulsores de esta política fue Galerio, yerno de Diocleciano y su sucesor como emperador en Oriente. Durante años, Galerio había perseguido activamente a los cristianos, considerándolos una amenaza para la unidad religiosa del Imperio. Pero el tiempo y la enfermedad harían girar su visión de manera inesperada.

El Edicto de Tolerancia de Galerio (311 d.C.)

En abril del año 311, gravemente enfermo y al borde de la muerte, Galerio promulgó desde Nicomedia un decreto que pasaría a la historia como el verdadero fin oficial de las persecuciones romanas. Este documento, conocido hoy como el Edicto de Tolerancia, fue emitido en nombre de Galerio, Licinio y Constantino, quienes compartían el poder en ese momento.

El texto reconocía que, pese a los esfuerzos del Imperio por erradicar el cristianismo, los cristianos no habían dejado de crecer. Con tono de resignación política y retórica imperial, Galerio declaraba:

> *"Concedemos a los cristianos el derecho de existir nuevamente, y de practicar su religión, con tal de que no perturben el orden público."*

Ya no se exigía sacrificio a los dioses del Estado. Ya no se condenaba a los obispos. El edicto ordenaba también la restitución de propiedades eclesiásticas y pedía a los cristianos que oraran por la salud del emperador, como acto de buena voluntad.

Así, el 30 de abril del 311, fue Galerio —y no Constantino— quien legalizó por primera vez el cristianismo como culto reconocido por el Imperio.

Galerio moriría pocas semanas después. Algunos

historiadores creen que su cambio de postura fue movido por una combinación de factores: presión política, fracaso de la persecución, y una posible reflexión espiritual ante la muerte.

No fue un converso. Pero fue, irónicamente, el emperador que dio paso legal a la Iglesia, el que había sido su peor perseguidor.

La visión de Constantino y la batalla del puente Milvio (312)

Cabe destacar la importantísima figura de Flavio Valerio Constantino, conocido como Constantino el Grande, quien emergió como uno de los emperadores más decisivos de la historia no solo política, sino también religiosa del mundo occidental.

La historia ha sido contada y dramatizada en incontables libros, pinturas y películas: un emperador romano, aún no cristiano, ve una visión en el cielo antes de una batalla decisiva. En ella, aparece una cruz acompañada de un mensaje en latín o griego. Al día siguiente, su ejército derrota al enemigo, y con ello, cambia el destino del cristianismo en todo el Imperio.

Esa historia —atractiva, poderosa, pero también debatida— es conocida como la visión de Constantino antes de la batalla del Puente Milvio, ocurrida el 28 de octubre del año 312 d.C. Pero ¿qué ocurrió realmente? ¿Qué fuentes narran esta visión? ¿Fue un símbolo religioso, político o ambas cosas?

La historia, como tantas veces, no se encuentra en el milagro, sino en cómo fue recordado y registrado.

Constantino y Majencio se disputaban el control del Imperio de Occidente. Majencio ocupaba Roma y se consideraba heredero de la tradición tetrárquica de Diocleciano. Constantino, por su parte, había ascendido militarmente desde las Galias y se presentaba como un liberador.

Ambos ejércitos se encontraron a orillas del Tíber, cerca del Puente Milvio. Lo que ocurrió la noche anterior a la batalla marcaría, según las fuentes, un antes y un después en la relación entre Constantino y el cristianismo.

Fuente 1: Lactancio (c. 313–320 d.C.)

El primer autor que narra el episodio fue Lactancio, escritor latino cristiano, en su obra De mortibus persecutorum ("Sobre la muerte de los perseguidores"), escrita entre 314 y 320.

Lactancio afirma que:

> *"Constantino fue advertido en sueños para que usara el signo celestial de Dios en sus escudos. Obedeció y mandó que el símbolo se trazara en los escudos de sus soldados."*

El símbolo, según Lactancio, fue el crismón (☧), una combinación de las dos primeras letras del nombre griego Χριστός (Cristo). Lactancio no menciona ninguna visión en el cielo, solo un sueño premonitorio con instrucciones precisas.

Fuente 2: Eusebio de Cesárea (c. 337 d.C.)

Años más tarde, el obispo e historiador Eusebio de Cesárea, en su obra Vida de Constantino, da un relato más elaborado. Según él, Constantino le habría contado personalmente lo sucedido, bajo juramento.

Eusebio escribe que:

> *"Mientras marchaba con su ejército, alzando la vista al cielo en pleno día, vio la figura de una cruz luminosa sobre el sol, acompañada de las palabras: 'ἐν τούτῳ νίκα' (Con este signo vencerás)."*

Esa misma noche, según Eusebio, Cristo se le apareció en sueños y le explicó el significado del signo. Al día siguiente, Constantino habría mandado fabricar un estandarte de batalla con el símbolo —el labarum— que encabezó su ejército.

Este relato se escribió mucho tiempo después del evento, y algunos historiadores modernos sugieren que pudo ser una elaboración apologética para reforzar la imagen cristiana del emperador.

Evaluación histórica

Ambas fuentes —Lactancio y Eusebio— coinciden en que:

- Constantino tuvo una experiencia visionaria u onírica antes de la batalla.

- Esa experiencia lo llevó a adoptar un símbolo cristiano (el crismón) como emblema militar.

- Tras su victoria sobre Majencio, su actitud hacia el cristianismo cambió decisivamente.

Ambas narraciones fueron escritas desde una perspectiva cristiana y con interés en presentar a Constantino como instrumento de Dios. No hay fuentes paganas o neutras que corroboren el evento, pero la adopción repentina del símbolo cristiano en contextos militares está históricamente comprobada.

¿Una visión o una estrategia?

Para algunos historiadores modernos, la visión pudo haber sido:

- Una experiencia real, interpretada como mensaje divino.

- Un recurso político, utilizado para motivar tropas o para legitimar su victoria.

- Una combinación de creencia y conveniencia, típica en la cultura religiosa del Imperio.

Lo cierto es que después del 312, Constantino favoreció activamente al cristianismo. Permitió el regreso de obispos exiliados, financió la construcción de iglesias, y se convirtió en árbitro de disputas doctrinales dentro del cristianismo.

La visión de Constantino, real o simbólica, marca uno de los momentos más decisivos en la historia de la fe cristiana: el punto de giro entre persecución y privilegio.

Más allá del milagro o la política, lo cierto es que un símbolo que hasta entonces era signo de condena —la cruz— se convirtió, desde ese día, en estandarte imperial. Y con él, el cristianismo dejó de ser religión de mártires para comenzar, poco a poco, a convertirse en religión de emperadores.

El "Edicto de Milán" y el apoyo institucional al cristianismo

Segun el arqueologo e historiador Frances especializado en la antigua Roma, Paul Veyne, el llamado Edicto de Milán fue proclamado en el año 313 d.C., dos años después, tras una reunión entre Constantino (en Occidente) y Licinio (en Oriente). No fue un "edicto" en el sentido legal romano, sino más bien un mandatum —una directiva imperial comunicada por escrito. Las fuentes que nos lo transmiten son indirectas, especialmente el historiador Lactancio y el obispo Eusebio de Cesárea.

El texto reitera la libertad religiosa para todos los cultos —no solo el cristiano— y amplía algunas garantías ya otorgadas por Galerio: restitución total de bienes, fin de la persecución, y derecho a reunirse públicamente.

Sin embargo, el Edicto de Milán no fue el primer paso, sino una confirmación y extensión del edicto anterior de

Galerio. Además, la expresión "Edicto de Milán" es un anacronismo moderno. No figura en ningún documento oficial contemporáneo.

Durante siglos, la historia oficial exaltó a Constantino como el gran liberador de la Iglesia. Su conversión (real o estratégica) y su papel en el Concilio de Nicea consolidaron esa imagen. Pero fue Galerio quien dio el primer paso legal real, y su acto cambió el curso de la historia.

Entender esto no resta mérito a Constantino, pero devuelve a la narrativa histórica su complejidad real: la libertad de culto no vino de un solo hombre, ni de un solo decreto, ni de un acto heroico, sino de una serie de decisiones políticas, condicionadas por enfermedad, fracaso militar, y negociaciones imperiales.

Tras firmar el "Edicto de Milán" junto a Licinio, Constantino fue más allá de la simple tolerancia. A lo largo de su reinado, brindó un apoyo institucional decidido a la Iglesia cristiana, transformándola en una estructura cada vez más cercana al poder imperial. Este respaldo se expresó en diversos niveles:

- Restitución de bienes: Los bienes confiscados durante las persecuciones fueron devueltos a las comunidades cristianas.

- Subvención estatal: Constantino asignó fondos del erario imperial para la construcción de iglesias, la manutención del clero y obras sociales organizadas por la Iglesia.

- Exenciones fiscales y privilegios legales: Se eximió del pago de impuestos a obispos y sacerdotes, y se reconocieron jurídicamente los concilios eclesiásticos como tribunales válidos en disputas entre cristianos.

- Apoyo político y logístico: El emperador convocó

concilios, como el de Nicea en el año 325, proporcionó transporte y alojamiento para los obispos asistentes, y respaldó sus decisiones con la autoridad del trono.

- Construcción de templos monumentales: Constantino promovió la arquitectura cristiana monumental, financiando basílicas como San Juan de Letrán y la original basílica de San Pedro en Roma, así como la Iglesia del Santo Sepulcro en Jerusalén.

- Relación estrecha con los obispos: El emperador se convirtió en una figura clave en la resolución de disputas internas dentro de la Iglesia, y comenzó a actuar como garante de la unidad cristiana en todo el Imperio.

Este proceso dio lugar al surgimiento de un nuevo modelo: la "Iglesia imperial", una institución que convivía y colaboraba estrechamente con el poder político. Esta alianza estratégica, aunque beneficiosa en muchos aspectos, también generaría nuevos desafíos: el cristianismo se alejaba de su carácter marginal y se adentraba en los pasillos del poder.

Aunque Constantino fue bautizado solo en su lecho de muerte en el año 337, su legado fue indeleble. Bajo su mandato, el cristianismo comenzó a institucionalizarse, sentando las bases de lo que sería más adelante la cristiandad como eje cultural, religioso y político de Europa.

La historia recuerda más a los vencedores que a los reconciliadores. Galerio murió poco después de firmar el edicto, sin conversión pública, sin gloria, sin iglesias dedicadas a su nombre. Pero fue su decreto el que abrió por primera vez las puertas legales al cristianismo en el Imperio Romano.

Constantino, con más carisma y ambición, consolidó lo que Galerio permitió. Pero en ese rincón del Imperio, en Nicomedia, fue un perseguidor quien, desde su lecho de muerte, reconoció lo que ni las espadas ni los edictos habían podido destruir: la persistencia de una fe que, contra todo pronóstico, sobrevivía.

Busto de Constantino, museo del prado (312-325 d.C.)

Ilustracion del busto del emperador Galerio.

El Primer Concilio de Nicea (325)

Con el cristianismo legalizado y respaldado por el poder imperial tras el Edicto de tolerancia de Galerio y rectificado mas adelante con el "Edicto de Milán", una nueva etapa se abría para la Iglesia. Pero con la paz llegó también una creciente necesidad de unidad doctrinal. La libertad religiosa no eliminó los desacuerdos internos, y la expansión del cristianismo hizo aún más visibles las diferencias teológicas que existían entre obispos y comunidades.

En ese contexto surgió una controversia que amenazó con fracturar a la Iglesia desde dentro: el arrianismo. Esta enseñanza, promovida por el presbítero Arrio de Alejandría, afirmaba que Cristo no era eterno ni de la misma sustancia que Dios Padre, sino una criatura divina subordinada. Su doctrina encontró apoyo en ciertos sectores del clero oriental, mientras que otros la consideraban una herejía peligrosa que negaba la divinidad plena del Hijo.

Ante el creciente conflicto, el emperador Constantino, interesado en preservar la unidad del Imperio y la paz religiosa, convocó un concilio general. Por primera vez, el cristianismo celebraría una gran asamblea de obispos con el respaldo directo del poder imperial.

El concilio se celebró en la ciudad de Nicea, en Bitinia (actual İznik, Turquía), en el año 325. Asistieron entre 250 y 318 obispos de todo el Imperio romano, principalmente del oriente, aunque también hubo representantes del occidente latino, incluido un delegado del papa Silvestre I.

Constantino, aunque no bautizado aún, presidió las sesiones de manera simbólica. No dictó doctrina, pero sí moderó los debates, garantizó el orden y animó a alcanzar una solución común. Su presencia marcó un nuevo paradigma: la Iglesia y el Imperio unidos en torno a la verdad religiosa.

Debates y decisiones

El debate central giró en torno a la naturaleza del Hijo de Dios. ¿Era Jesucristo eterno e igual al Padre, o fue creado por Él en algún momento? La respuesta se jugaba en una sola palabra: "homoousios", término griego que significa "de la misma sustancia".

Los defensores de la fe tradicional, entre ellos el joven diácono Atanasio de Alejandría, se opusieron tenazmente a Arrio. Atanasio defendía que el Hijo era coeterno y consustancial con el Padre, una afirmación clave para sostener la plena divinidad de Cristo.

Finalmente, el concilio adoptó la fórmula anti-arriana, condenó a Arrio, lo excomulgo y proclamó el Credo de Nicea, que afirmaba que Jesucristo es:

> *"Dios de Dios, Luz de Luz, Dios verdadero de Dios verdadero, engendrado, no creado, consustancial (homoousios) con el Padre."*

El texto fue firmado por la gran mayoría de los presentes. Algunos obispos que se negaron fueron depuestos o exiliados con el respaldo del emperador.

Otras decisiones del concilio

Aunque el debate cristológico dominó el concilio, también se abordaron otros temas importantes que buscaban la unidad litúrgica y disciplinaria de la Iglesia:

- Fecha de la Pascua: Hasta ese momento, muchos cristianos en Asia Menor celebraban la Pascua en coincidencia con la Pascua judía (el 14 de Nisán), mientras que otros lo hacían el domingo siguiente. El Concilio resolvió unificar la práctica y determinó que la Pascua debía celebrarse el primer domingo después de la primera luna llena posterior al equinoccio de primavera (21 de marzo). Esta fórmula aseguraba una celebración común en todo el Imperio, desligada del calendario judío. No se estableció una fecha fija en el calendario romano, sino un criterio astronómico móvil, que sigue siendo el fundamento para calcular la Pascua hasta hoy.

- Disciplina eclesiástica: Se promulgaron 20 cánones (normas) sobre la conducta del clero, la readmisión de los apóstatas (quienes habían renegado de su fe), la jerarquía eclesial y la organización de las provincias eclesiásticas.

- Unidad doctrinal y litúrgica: Se buscó armonizar la enseñanza cristiana, impedir prácticas divergentes y fomentar la obediencia a los obispos metropolitanos.

El Concilio de Nicea fue el primer concilio ecuménico de la historia del cristianismo. Estableció un modelo de deliberación y decisión que se repetiría en los siglos siguientes. También evidenció una nueva realidad: la colaboración entre la autoridad eclesiástica y el poder imperial en la definición de la ortodoxia.

Pese a la condena oficial del arrianismo, la controversia no terminó ahí. En décadas posteriores, el arrianismo revivió y llegó a ser incluso favorecido por algunos emperadores. La lucha entre ortodoxia y herejía continuaría, especialmente en Oriente, y la figura de Atanasio, que más tarde sería obispo de Alejandría, se convertiría en símbolo de la resistencia al arrianismo.

El legado de Nicea, sin embargo, perduró. Su credo se convirtió en pilar del cristianismo universal, y su ejemplo marcó el comienzo de una era donde las grandes decisiones doctrinales ya no se tomarían en comunidades aisladas, sino en asambleas universales de obispos, con participación activa de los emperadores.

¿Cuándo y cómo se decidió la fecha del nacimiento de Jesus de Nazaret?

Cuando el Sol de justicia eclipsó al sol invencible

Durante los primeros siglos del cristianismo, los creyentes vivían bajo persecución, clandestinidad y sufrimiento. Celebrar el nacimiento de Jesús —el Mesías encarnado— no era una prioridad litúrgica. La Pascua, conmemoración de su muerte y resurrección, era el centro absoluto de la vida espiritual cristiana. Sin embargo, con la legalización de la fe cristiana a partir del año 311, y el ascenso progresivo del cristianismo como religión dominante del Imperio, algo cambió: nació la necesidad de marcar en el calendario el nacimiento del Salvador.

Pero había un problema: los evangelios no daban una fecha. ¿Cuándo nació realmente Jesús?

Una fecha no revelada, pero sí celebrada

Las Escrituras guardan silencio sobre el día exacto del nacimiento de Cristo. Algunos dedujeron que fue en primavera u otoño, al mencionar que los pastores velaban de noche sus rebaños (Lucas 2:8). Pero la Biblia no nos da fecha alguna, y por más de tres siglos, la Iglesia no celebró Navidad como hoy la conocemos.

Fue a partir del siglo IV, cuando el cristianismo dejó de ser perseguido y comenzó a estructurar su calendario litúrgico, que surgió la necesidad de fijar una fecha oficial para el nacimiento del Hijo de Dios.

El Imperio romano y el culto al Sol

En la Roma pagana, el 25 de diciembre tenía un significado especial. Era el día en que se celebraba el festival del Sol Invictus —el sol invencible— instituido por el emperador Aureliano en el año 274 d.C., una fiesta que coincidía con el solsticio de invierno, cuando los días comenzaban a alargarse y el sol "renacía".

Para los cristianos, esto ofrecía una oportunidad simbólica: ¿qué mejor momento para celebrar el nacimiento de Cristo que cuando el sol comienza a vencer la oscuridad? Así se alineó el calendario con la teología: Jesús, el "Sol de justicia" anunciado por el profeta Malaquías (Mal. 4:2), venía a traer luz al mundo.

¿Un concilio decidió la fecha?

Aquí es importante aclarar una confusión común: ningún concilio ecuménico —ni Nicea, ni Constantinopla, ni Éfeso— estableció oficialmente el 25 de diciembre como la fecha del nacimiento de Jesús.

La elección fue más litúrgica que dogmática, más pastoral que conciliar.

Se cree que fue el papa Julio I (pontífice entre 337 y 352) quien promovió activamente la adopción del 25 de diciembre como fecha oficial de la Navidad en Roma. Aunque no hay registros de un decreto formal, fuentes como San Juan Crisóstomo y San Agustín mencionan que ya en su tiempo se celebraba esa fecha.

El testimonio más antiguo que menciona esta fecha es el Calendario Filocaliano del año 354, donde el 25 de diciembre aparece como "Natalis Domini" (nacimiento del Señor). No fue una imposición universal inmediata, pero desde Roma comenzó a extenderse a otras iglesias del Occidente.

Oriente y Occidente: dos fechas navideñas distintas

Mientras en Roma se afianzaba el 25 de diciembre, en las iglesias de Oriente —como en Egipto, Siria y Armenia— la costumbre era celebrar el nacimiento y la epifanía juntas, el 6 de enero.

Fue solo con el tiempo que muchas de estas iglesias orientales adoptaron también el 25 de diciembre, aunque algunas, como la Iglesia Apostólica Armenia, aún celebran la Navidad el 6 de enero hasta el día de hoy.

Argumentos teológicos: de la cruz al pesebre

Además del simbolismo solar, los teólogos de la época ofrecieron otro razonamiento interesante:

Los primeros cristianos creían que Jesús fue concebido el mismo día en que murió. Si murió el 25 de marzo, entonces habría sido concebido en esa fecha —y, por lo tanto, nacido el 25 de diciembre, exactamente nueve meses después.

Este argumento, más devocional que científico, fue defendido por San Agustín y otros Padres de la Iglesia, y se integró al razonamiento espiritual de la comunidad cristiana.

La elección del 25 de diciembre no fue una casualidad ni una invención sin sentido. Fue una decisión litúrgica pastoral y simbólica, surgida en una época de transición histórica, en la que el cristianismo estaba dejando las catacumbas para entrar en las catedrales del Imperio.

No se basó en pruebas cronológicas, pero sí en una profunda convicción: Jesucristo es la verdadera luz que viene al mundo, y su nacimiento merecía un lugar fijo en el corazón del calendario cristiano.

Desde entonces, cada diciembre, millones de creyentes en todo el mundo celebran no solo un evento, sino una esperanza: que la luz brilla en las tinieblas, y las tinieblas no han prevalecido contra ella (Juan 1:5).

Teodosio I y la oficialización del cristianismo (380-395)

Si Constantino marcó el inicio del respaldo imperial al cristianismo, Teodosio I fue quien completó la transformación: convirtió al cristianismo en la religión oficial del Imperio romano. Bajo su reinado, la fe que había sido perseguida por siglos se convirtió en el eje espiritual y político del mundo romano.

El contexto posterior a Nicea

Después del Concilio de Nicea en 325, las divisiones teológicas no desaparecieron. Muy al contrario, el arianismo persistió, especialmente en las regiones orientales del Imperio, e incluso fue favorecido por varios emperadores sucesores de Constantino. El conflicto entre los defensores de la ortodoxia nicena y los partidarios del arianismo se volvió tan político como religioso, generando tensiones entre las distintas sedes episcopales.

A este escenario llegó Teodosio I, quien ascendió al trono oriental en 379. Hombre de profundas convicciones cristianas, fue bautizado en la fe nicena poco después de caer enfermo, y desde entonces se convirtió en firme defensor de la ortodoxia.

El Edicto de Tesalónica (380)

El punto de inflexión fue el 28 de febrero del año 380, cuando Teodosio, junto con los coemperadores Graciano y Valentiniano II, promulgó el histórico Edicto de Tesalónica, también conocido como Cunctos populos. Este decreto imperial declaraba lo siguiente:

> *"Queremos que todos los pueblos bajo nuestra autoridad se adhieran a la fe que profesan los obispos de Roma y Alejandría, es decir, a la doctrina de que el Padre, el Hijo y el Espíritu Santo tienen una sola majestad y son consustanciales."*

Este edicto no solo proclamaba el cristianismo niceno como religión oficial del Imperio romano, sino que declaraba herejes a todos los que no compartieran esa fe, incluyendo a los arrianos. Por primera vez, la autoridad estatal se alineaba explícitamente con una posición teológica concreta, otorgándole respaldo legal y político.

De perseguidos a perseguidores: el giro imperial del cristianismo

hacia finales del siglo IV, algo había cambiado profundamente. Las mismas estructuras imperiales que antes lo combatían, ahora lo servían. Los obispos ocupaban asientos de honor, el clero recibía exenciones fiscales, y las iglesias crecían en riqueza y extensión.

Y junto a ese poder, vino algo más inesperado: la intolerancia oficial hacia quienes no compartían la ortodoxia establecida. El cristianismo que había pedido libertad, comenzó a negarla. El perseguido, con el paso del tiempo, se volvió perseguidor.

En el Concilio de Nicea (325 d.C.), el emperador actuó como mediador de disputas doctrinales, una función que antes pertenecía solo a líderes eclesiásticos. Su rol marcó un nuevo modelo: la Iglesia dentro del Estado, y el Estado dentro de la Iglesia.

Los herejes ya no eran simples disidentes: eran considerados enemigos del orden imperial.

A partir del Edicto de Tesalónica, Teodosio promovió una serie de leyes que prohibían los cultos paganos tradicionales. Cerró templos, confiscó bienes dedicados a los dioses, suprimió rituales públicos no cristianos y prohibió sacrificios. El paganismo, que había sido el corazón espiritual de Roma durante siglos, fue desmantelado gradualmente por decreto imperial.

A partir de ese momento, las medidas se endurecieron:

- Cierre de templos paganos
- Prohibición de sacrificios tradicionales
- Expulsión de herejes de ciudades imperiales
- Condenas civiles contra grupos disidentes

El cristianismo, hasta entonces plural y descentralizado, comenzó a estructurarse como una Iglesia jerárquica, dogmática y vinculada al poder.

Apenas unas décadas después de haber sido víctimas de la represión, los cristianos empezaron a aplicar leyes similares contra otros. Algunos casos significativos:

- Paganos: Los templos fueron cerrados o destruidos. La antigua Biblioteca de Alejandría fue afectada en estos disturbios. Los sacerdotes tradicionales perdieron su estatus.

- Herejes cristianos: Corrientes como el arrianismo o el donatismo fueron reprimidas por edictos imperiales. En algunos casos, sus seguidores fueron exiliados, castigados o asesinados.

- Judíos: Aunque seguían siendo tolerados oficialmente, comenzaron a sufrir restricciones legales y sociales más marcadas en varias regiones.

Uno de los episodios más simbólicos fue la destrucción del Templo de Serapis en Alejandría (391 d.C.), bajo el obispo Teófilo. La violencia fue dirigida por multitudes cristianas con apoyo tácito de las autoridades.

El caso de Hipatia de Alejandría

En el año 415, esa tensión se desbordó. La víctima no fue un templo ni un dios olvidado, sino una mujer: Hipatia, filósofa neoplatónica, científica, maestra. Fue arrastrada por una turba, desnudada y asesinada con violencia brutal. Su crimen: pensar diferente. Enseñar sin crucifijo. Representar la razón frente al dogma. su asociación con grupos políticos enfrentados al obispo Cirilo de Alejandría fue interpretada como amenaza.

Su muerte marcó simbólicamente el fin del pensamiento clásico en una ciudad que alguna vez había sido faro del conocimiento helénico.

La alianza trono-altar

El proceso fue claro: a medida que el cristianismo se consolidó como religión oficial, su estructura eclesial adoptó dinámicas de poder similares a las del Imperio.

- Se establecieron tribunales eclesiásticos con autoridad civil.

- Se definieron dogmas por concilios convocados con apoyo imperial.

- Se usó la ley civil para proscribir, castigar y censurar creencias diferentes.

Los obispos, una vez perseguidos, ahora tenían influencia directa en las cortes imperiales. Las iglesias eran financiadas con fondos públicos. La persecución —

que los cristianos tanto habían padecido— se convirtió en herramienta de defensa de la ortodoxia.

El paso del cristianismo de perseguido a perseguidor no fue inmediato ni universal, pero fue real. No ocurrió por malicia, sino por un proceso histórico complejo, en el que una religión minoritaria se convirtió en guardiana del orden imperial.

La historia del cristianismo primitivo es también la historia de cómo el poder transforma a quienes lo reciben. De la cruz a la espada, de las catacumbas a los concilios, la fe que comenzó entre mártires terminó legislando sobre sus antiguos verdugos.

Y aunque muchos cristianos continuaron viviendo su fe con humildad y misericordia, las estructuras que construyeron se volvieron capaces de reprimir en nombre de la verdad, olvidando por momentos que ellos mismos habían sido perseguidos... no mucho tiempo atrás.

Teodosio y el obispo de Milán Ambrosio

Uno de los episodios más representativos del reinado de Teodosio fue su relación con Ambrosio, obispo de Milán, una figura clave en la consolidación del cristianismo latino.

En el año 390, tras una masacre ordenada por Teodosio en la ciudad de Tesalónica, Ambrosio se enfrentó públicamente al emperador, exigiéndole penitencia antes de permitirle regresar a la comunión eucarística. Sorprendentemente, Teodosio accedió. Este episodio fue interpretado como un momento simbólico en que la Iglesia comenzaba a ejercer autoridad moral sobre los emperadores.

El Concilio de Constantinopla (381 d.C.)

Divinidad del Espíritu Santo

El siglo IV fue una época de definición para el cristianismo. Tras siglos de persecución, la fe que una vez fue clandestina se convirtió, casi de la noche a la mañana, en la religión favorecida del Imperio romano. Pero con la libertad llegó también el conflicto: el cristianismo ya no solo enfrentaba enemigos externos, sino que comenzaba a fracturarse desde dentro.

El Primer Concilio de Nicea en el año 325 había logrado establecer que el Hijo era de la misma sustancia que el Padre (homoousios), en contra del arrianismo que según la iglesia, era una herejía que sostenía que Cristo era una criatura, no eterno ni igual al Padre. Pero la controversia estaba lejos de terminar. A lo largo de las décadas siguientes, la ortodoxia nicena se vio acosada por emperadores simpatizantes del arrianismo, obispos ambiciosos y regiones divididas teológicamente.

En ese clima de confusión, teólogos, emperadores y pastores anhelaban una nueva asamblea que restaurara la unidad de la Iglesia. Esa reunión ocurrió en Constantinopla en el año 381, y sus decisiones definirían la fe cristiana para siempre.

El Concilio de Nicea había declarado que el Hijo era consustancial con el Padre, condenando el arrianismo. Sin embargo, la muerte de Constantino y la sucesión de emperadores con inclinaciones arrianas —como Constancio II— permitió que el arrianismo siguiera expandiéndose.

Los arrianos dominaron muchas sedes episcopales.

Obispos ortodoxos, como Atanasio de Alejandría, fueron perseguidos, exiliados y reemplazados. La confusión doctrinal crecía. Se celebraban concilios paralelos y contradictorios.

Además, una nueva controversia comenzaba a tomar fuerza: ¿quién es el Espíritu Santo?

Algunos negaban que fuera plenamente divino. Se les llamaba pneumatómacos (literalmente, "combatientes contra el Espíritu"). Así, la Iglesia se encontró ante una nueva necesidad: afirmar claramente la divinidad del Espíritu Santo y consolidar la enseñanza trinitaria.

La elección de Constantinopla como sede no fue casual. Fundada por Constantino el Grande como la "Nueva Roma", se había convertido en el centro político del Imperio de Oriente. Bajo el emperador Teodosio I, ferviente defensor del cristianismo niceno, se convocó el concilio en el año 381 d.C. con el objetivo de confirmar la fe nicena y resolver los desacuerdos sobre la naturaleza del Espíritu Santo.

Fue el segundo concilio ecuménico de la historia, aunque solo participaron obispos orientales (alrededor de 150). Los occidentales no asistieron, pero posteriormente aceptaron sus decisiones, reconociendo su autoridad.

Los protagonistas

* Teodosio I el Grande: emperador de Oriente, devoto cristiano, comprometido con restaurar la ortodoxia nicena.

* Gregorio Nacianceno: gran teólogo capadocio, defensor de la divinidad del Espíritu Santo. Fue brevemente obispo de Constantinopla durante el concilio.

* Meletio de Antioquía: inicialmente presidió el concilio, pero falleció poco después.

- Máximo el Cínico: un personaje polémico, instalado como obispo de Constantinopla en medio de intrigas, pero rechazado por el concilio.

- Los Padres Capadocios: especialmente Basilio el Grande y Gregorio de Nisa, cuyas enseñanzas influyeron profundamente en la comprensión de la Trinidad.

Lo que se debatió

1. La divinidad del Espíritu Santo

El tema más urgente era la formulación de una doctrina clara sobre el Espíritu Santo. Se enfrentaban a los pneumatómacos, que negaban su divinidad y lo consideraban inferior al Padre y al Hijo.

2. Confirmación del Credo Niceno

Aunque el concilio no reescribió el Credo de Nicea de 325, sí lo expandió, particularmente en lo referente al Espíritu Santo. Esta nueva versión —que hoy se conoce como el Credo Niceno-Constantinopolitano— declaró:

"Y creemos en el Espíritu Santo, Señor y dador de vida, que procede del Padre, que con el Padre y el Hijo recibe una misma adoración y gloria..."

3. Unidad de la Trinidad

Se reafirmó la plena divinidad del Hijo y del Espíritu, dentro de la unidad de la Trinidad. Esta formulación sería decisiva para las generaciones futuras.

4. Organización eclesiástica

El concilio también abordó temas de jurisdicción. Se estableció que el obispo de Constantinopla tendría el segundo lugar en honor después del obispo de Roma, debido a que Constantinopla era "la nueva Roma".

Las decisiones clave

- Reafirmación del Credo Niceno, ampliado para incluir la doctrina del Espíritu Santo.

- Condena de las herejías arrianas, sabellianas, pneumatómacas, y otras.

- Reconocimiento de Constantinopla como sede patriarcal.

- Declaración de la unidad trinitaria: un solo Dios en tres personas, iguales en gloria, eternas en esencia.

Oficialización de la santísima trinidad

El Concilio de Constantinopla consolidó el dogma trinitario de la Iglesia cristiana:

> *Padre, Hijo y Espíritu Santo son tres personas, un solo Dios.*

Este dogma se convirtió en la base teológica común para la Iglesina católica, la Iglesia ortodoxa oriental y la mayoría de las iglesias protestantes hasta hoy.

También sentó precedentes políticos: al elevar a Constantinopla como sede patriarcal, sembró la semilla de futuras tensiones entre Roma y Oriente.

El Primer Concilio de Constantinopla fue mucho más que una reunión doctrinal. Fue el momento en que la fe cristiana, saliendo de los campos de batalla teológicos del siglo IV, se articuló con precisión y se consolidó como la fe trinitaria que hoy profesan millones.

En una época en que la Iglesia era tentada por la confusión, el Imperio por la herejía, y los obispos por el poder, surgieron voces —como las de los Padres Capadocios— que recordaron a la Iglesia su centro: el misterio de Dios Uno y Trino, revelado en Cristo y vivificado por el Espíritu.

Y así, en Constantinopla, se construyó no solo un dogma, sino una herencia espiritual que aún da forma al corazón del cristianismo.

De las catacumbas al trono

Al morir en el año 395, Teodosio el Grande dejó un Imperio donde el cristianismo ya no era una religión más, sino la religión del Estado. Había dado forma al modelo de "cristiandad" que dominaría Europa por más de un milenio: un mundo donde el poder político y el religioso estaban profundamente entrelazados.

Su política de uniformidad religiosa, aunque eficaz en consolidar el cristianismo, también sentó las bases para futuras tensiones: persecuciones contra disidentes, conflictos entre Iglesia y Estado, y la progresiva centralización del poder eclesiástico.

Con Teodosio, el cristianismo pasó de ser una fe perseguida a convertirse en el alma del Imperio. En el próximo capítulo, nos adentraremos en el tercer gran concilio ecuménico: el Concilio de Éfeso (431), clave para definir la relación entre la divinidad y la humanidad de Cristo, y origen de nuevas divisiones.

El Concilio de Éfeso (431)

La madre de Dios y la unidad de Cristo

El siglo V marcó una etapa de profundización teológica en el cristianismo. Las grandes preguntas ya no se centraban solo en la divinidad de Cristo —tema resuelto en el Concilio de Nicea—, sino en cómo se unían en Él su naturaleza divina y su naturaleza humana. Esta compleja cuestión dio lugar a una nueva controversia, tan intensa como la arriana, que pondría a prueba la unidad de la Iglesia.

En el centro de la disputa estaban dos figuras poderosas: Cirilo de Alejandría, patriarca de una de las sedes más influyentes del cristianismo oriental, y Nestorio, patriarca de Constantinopla, la nueva capital imperial. Lo que comenzó como una discusión teológica se convirtió rápidamente en un conflicto de poder entre dos patriarcados rivales, con consecuencias duraderas para la historia del cristianismo.

La controversia: ¿Puede María ser llamada "Madre de Dios"?

El detonante de la controversia fue un título mariano que había ganado popularidad entre los fieles: Theotokos, que en griego significa "Madre de Dios" o "la que dio a luz a Dios". Este título expresaba la creencia en la plena divinidad de Cristo desde el momento de su concepción.

Nestorio, sin negar la divinidad de Jesús, sostenía que era incorrecto aplicar ese título a María. Según él, era más preciso llamarla Christotokos ("Madre de Cristo"), ya que María dio a luz a la naturaleza humana de Jesús, no a su naturaleza divina eterna. En su visión, las dos naturalezas de Cristo (divina y humana) estaban unidas, pero no mezcladas, como si convivieran en una especie de asociación o alianza.

Esta distinción, aunque sutil, fue vista por muchos como una amenaza a la doctrina de la unidad de la persona de Cristo. ¿Se podía decir que Jesús era una sola persona si se hablaba de dos sujetos coexistiendo en Él? Para Cirilo de Alejandría, la posición de Nestorio implicaba una división en Cristo, lo cual contradecía la fe tradicional.

La polémica creció rápidamente, y ambas partes comenzaron a intercambiar cartas, tratados y acusaciones. Finalmente, el emperador Teodosio II, presionado por ambas facciones y temiendo disturbios, decidió convocar un nuevo concilio ecuménico para resolver la controversia.

El lugar elegido fue Éfeso, ciudad de gran importancia religiosa, vinculada tradicionalmente a la figura de la Virgen María. El concilio fue inaugurado en el verano del año 431, con la participación de alrededor de 200 obispos, en su mayoría del oriente griego.

Tensión y maniobras

Desde el principio, el concilio estuvo marcado por la tensión. Cirilo de Alejandría, que llegó con una nutrida delegación y el respaldo del papa Celestino I, actuó con rapidez. Inició las sesiones antes de que llegaran los obispos de Siria —aliados de Nestorio— y declaró herética la doctrina nestoriana.

Nestorio fue excomulgado y depuesto, y su enseñanza condenada por dividir a Cristo en dos personas separadas. El concilio reafirmó la doctrina de que Jesucristo es una sola persona con dos naturalezas, y que María, en virtud de esa unidad, puede ser llamada legítimamente Theotokos, es decir, Madre de Dios.

"Confesamos que nuestro Señor Jesucristo, el Hijo de Dios, es perfecto Dios y perfecto hombre [...] uno y el mismo, engendrado del Padre antes de todos los siglos según su divinidad, y en los últimos tiempos nacido de la Virgen María según su humanidad."

Sin embargo, los obispos pro-nestorianos, al llegar y enterarse de lo sucedido, organizaron un concilio paralelo, en el que excomulgaron a Cirilo y a sus aliados.

La confusión fue total. Durante semanas, Éfeso se convirtió en escenario de debates, anatemas cruzados y presiones políticas.

Finalmente, el emperador Teodosio II aceptó la decisión del primer grupo conciliar, favorecido por la diplomacia de Cirilo y el respaldo de Roma. Nestorio fue desterrado a un monasterio, y sus ideas, aunque persistieron en algunos círculos, fueron oficialmente rechazadas.

Consecuencias del concilio

El Concilio de Éfeso reafirmó la unidad de la persona de Cristo, una sola persona con dos naturalezas inseparables. También consolidó la devoción mariana al reconocer oficialmente el título de Theotokos, que se convertiría en uno de los pilares de la piedad cristiana tanto en Oriente como en Occidente.

Sin embargo, el conflicto no terminó ahí. La interpretación del misterio de Cristo seguiría generando controversias, y muchos cristianos no aceptaron las conclusiones de Éfeso. En particular, las Iglesias del Oriente siríaco se apartaron del concilio y mantuvieron las enseñanzas inspiradas en Nestorio, lo que daría origen a la llamada Iglesia Asiria de Oriente. Así, nació una nueva ruptura, esta vez más duradera, dentro del cristianismo oriental.

El Concilio de Éfeso fue una encrucijada: teología, política y poder eclesiástico se entrelazaron en decisiones que marcaron el destino de millones. En el próximo capítulo, exploraremos un nuevo intento de zanjar los desacuerdos cristológicos: el Concilio de Calcedonia (451), donde la definición definitiva sobre las dos naturalezas de Cristo provocaría otra división profunda.

El "Latrocinio de Éfeso" (449)

En el año 449, el emperador Teodosio II convocó un nuevo concilio en Éfeso para resolver el conflicto. Bajo la influencia de Dioscoro, este concilio rehabilitó a Eutiques y depuso a Flaviano, quien fue incluso agredido físicamente y murió poco después. Por su parcialidad y violencia, este evento sería recordado con desprecio por la historia como el "Latrocinio de Éfeso" —el Concilio de los Ladrones.

La indignación fue generalizada, especialmente en Occidente. El papa León I, también conocido como León Magno, había enviado una carta doctrinal al concilio (el Tomo a Flaviano), en la que explicaba con claridad la fe de la Iglesia: Cristo es una sola persona en dos naturalezas, sin confusión, sin cambio, sin división y sin separación.

Esta carta fue ignorada en Éfeso, lo que incrementó la tensión entre Oriente y Occidente. A la muerte de Teodosio II en 450, su hermana Pulquería y su esposo, el nuevo emperador Marciano, tomaron el poder y decidieron convocar un nuevo concilio, esta vez en Calcedonia, al otro lado del Bósforo.

El Concilio de Calcedonia (451)

Una Iglesia dividida por la naturaleza de Cristo

El siglo V fue una época de tensiones no solo políticas, sino también teológicas. El Imperio romano se tambaleaba entre invasiones bárbaras en Occidente y reformas imperiales en Oriente, mientras la Iglesia cristiana, ya legal y protegida, luchaba por definir en palabras lo que en la fe parecía tan claro: ¿quién es Cristo realmente?

La respuesta parecía sencilla: Jesús es el Hijo de Dios, Salvador del mundo. Pero la manera en que esa verdad debía expresarse teológicamente generó algunas de las divisiones más profundas y duraderas de la historia de la cristiandad.

Dos décadas después del Concilio de Éfeso, la Iglesia cristiana aún se encontraba en un estado de efervescencia doctrinal. El intento por definir con claridad la identidad de Cristo no había sido suficiente. La controversia teológica continuó, y las divisiones se profundizaron. Era necesaria una nueva convocatoria que diera una respuesta definitiva y oficial a la cuestión cristológica.

Así nació el Concilio de Calcedonia, el cuarto concilio ecuménico, celebrado en el año 451. Este evento marcaría un punto de inflexión decisivo en la historia del cristianismo, no solo por sus definiciones doctrinales, sino también por las rupturas que provocó. Calcedonia fue el punto culminante de más de un siglo de debates sobre la naturaleza de Cristo.

Antecedentes: la reacción al Concilio de Éfeso

Tras el Concilio de Éfeso (431), la figura de Cirilo de Alejandría quedó fortalecida. Su enseñanza sobre la unidad de la persona de Cristo fue adoptada como doctrina oficial. Sin embargo, el modo en que se manejó el concilio —con rapidez, sin esperar a los obispos sirios, y bajo presión política— dejó tensiones sin resolver.

Después de la muerte de Cirilo en 444, su sucesor como patriarca de Alejandría, Dioscoro, heredó no solo su autoridad, sino también su inclinación a mantener la tradición alejandrina, que ponía fuerte énfasis en la unidad de Cristo. Esta postura, sin embargo, fue percibida por otros como una amenaza a la integridad de la humanidad de Jesús.

Mientras tanto, en Constantinopla, un monje llamado Eutiques promovía una doctrina que exageraba el punto alejandrino: afirmaba que en Cristo había una sola naturaleza (monofisismo), ya que la naturaleza humana habría sido absorbida por la divina "como una gota de miel en el mar".

Esta enseñanza fue vista con preocupación por Flaviano, patriarca de Constantinopla, quien condenó a Eutiques en un sínodo local. Pero Dioscoro defendió a Eutiques, y la tensión entre Alejandría y Constantinopla alcanzó su punto máximo.

Durante los primeros siglos del cristianismo, los concilios habían definido puntos esenciales como la divinidad de Cristo (Nicea, 325) y su igualdad con el Padre y el Espíritu Santo (Constantinopla, 381). Sin embargo, una nueva pregunta se alzaba con fuerza:

¿Cómo se relacionan la naturaleza humana y la naturaleza divina en la persona de Jesucristo?

Algunas posturas comenzaron a divergir:

• El nestorianismo, atribuido a Nestorio, Patriarca de Constantinopla, proponía que en Cristo había dos personas separadas: una divina y otra humana. Esto llevaba a negar que María fuera Theotokos ("Madre de Dios") y preferían llamarla Christotokos ("Madre de Cristo").

• En reacción, los seguidores de Cyrilo de Alejandría afirmaban con fuerza la unidad de Cristo. Esta postura, llevada al extremo por algunos discípulos, como Eutiques, condujo al monofisismo, la creencia de que Cristo tenía una sola naturaleza, esencialmente divina.

Ambas posturas eran vistas con sospecha desde distintas partes del imperio. Y así, se convocó un nuevo concilio, el más numeroso hasta la fecha, con más de 500 obispos reunidos en Calcedonia, una ciudad cercana a Constantinopla.

Se celebró en octubre de 451. Participaron alrededor de 500 a 600 obispos, en su mayoría orientales. El papa León I no asistió en persona, pero envió legados y reafirmó la autoridad del Tomo a Flaviano.

En este concilio, se condenaron tanto las enseñanzas de Eutiques (monofisismo) como las doctrinas que separaban demasiado las dos naturalezas de Cristo, como lo había hecho Nestorio años antes. El objetivo era encontrar un punto de equilibrio.

Finalmente, el concilio proclamó la Definición de Calcedonia, que establecía:

> *"Confesamos a un solo y mismo Cristo, Hijo, Señor, Unigénito, reconocido en dos naturalezas, sin confusión, sin cambio, sin división, sin separación; la distinción de las naturalezas no queda anulada por la unión, sino que las propiedades de cada naturaleza se conservan [...] en una sola persona."*

Esta fórmula, clara y equilibrada, buscaba proteger tanto la unidad de Cristo como la integridad de sus dos naturalezas. Fue vista como una síntesis definitiva de las enseñanzas ortodoxas.

Consecuencias: división en Oriente

Aunque Calcedonia fue recibida con entusiasmo en Roma y en muchas regiones del Imperio, en Egipto, Siria y Armenia fue rechazada de inmediato. Para muchos cristianos orientales, la definición calcedonense era un regreso encubierto al nestorianismo. Temían que enfatizar las dos naturalezas llevara a dividir a Cristo en dos personas.

Como resultado, se produjo una ruptura permanente.

Surgieron Iglesias que no aceptaban Calcedonia, conocidas como las Iglesias ortodoxas orientales o no calcedonianas (también llamadas miaphisitas por su propia forma de expresar la unidad de Cristo). Estas Iglesias incluyen hoy a:

- La Iglesia Copta Ortodoxa (Egipto)

- La Iglesia Ortodoxa Siria

- La Iglesia Apostólica Armenia

- La Iglesia Ortodoxa Etíope, entre otras.

Estas comunidades se mantuvieron fieles a la herencia de Cirilo y a una teología cristológica más unitaria. Así, el Cisma Oriental comenzó a tomar forma, mucho antes del gran cisma de 1054 entre Oriente y Occidente.

Un hito en la historia de la fe

El Concilio de Calcedonia representa uno de los momentos más importantes y complejos en la historia del cristianismo. Su definición sobre la persona de Cristo se convirtió en normativa para la mayoría de las Iglesias cristianas, incluyendo la Iglesia católica romana, la Iglesia ortodoxa bizantina y la mayoría de Iglesias protestantes siglos después.

Pero su legado también fue una nueva división. Intentando zanjar una controversia teológica, el concilio terminó trazando una línea doctrinal que muchos cristianos no pudieron cruzar. El ideal de una Iglesia indivisa seguía resquebrajándose.

En el siguiente capítulo exploraremos cómo, en los siglos posteriores, la cristiandad bizantina y latina continuarían desarrollándose en paralelo, mientras los ecos de Calcedonia seguían resonando. A medida que se acercaba la Edad Media, el poder político, los concilios y las reformas seguirían moldeando las ramas del cristianismo.

Tercera Parte

Las primeras grandes divisiones

El Cisma de oriente (1054): Roma y Constantinopla

Era el año 1054. Dos hombres se miraron con desprecio en la catedral de Santa Sofia. Uno era el enviado del papa; el otro, el patriarca de Constantinopla. El ambiente era hostil y cargado de tensiones políticas, culturales y religiosas acumuladas durante siglos. En minutos, la cristiandad se partió en dos. La ruptura oficial entre las Iglesias de Occidente (Roma) y de Oriente (Constantinopla). Aunque tradicionalmente se recuerda esta fecha como el inicio del Cisma de Oriente u Oriental, la realidad es que se trató del desenlace de siglos de tensiones crecientes, culturales, teológicas, lingüísticas y políticas. No fue un acontecimiento súbito, sino una separación progresiva que cristalizó simbólicamente en ese año.

Diferencias teológicas, culturales y políticas

Desde hacía tiempo, el Imperio romano se había fragmentado culturalmente. Mientras Occidente se aferraba al latín como lengua litúrgica y cultural, Oriente florecía bajo el influjo del griego. Las diferencias no solo eran lingüísticas, sino también filosóficas y teológicas:

los orientales eran más dados a la contemplación y al misterio, mientras que los occidentales tendían a definiciones más precisas y jurídicas.

En lo político, Roma y Constantinopla representaban dos polos de poder. Aunque la antigua capital del Imperio había caído en el siglo V, el papado en Roma fue ganando una creciente autoridad espiritual, mientras que el patriarca de Constantinopla, en estrecha relación con el emperador bizantino, era visto como la figura central del cristianismo oriental.

Uno de los principales puntos de conflicto teológico fue la cláusula del "Filioque", añadida en Occidente al Credo Niceno. Según esta modificación, el Espíritu Santo procede no solo del Padre, sino también del Hijo ("Filioque" en latín). Esta adición no fue aceptada por las Iglesias orientales, quienes consideraban que alteraba una fórmula ecuménica sin el consenso de un concilio universal.

Otro motivo de disputa fue la autoridad papal. En Oriente, los patriarcas eran considerados iguales en dignidad, aunque el de Roma era visto como "primus inter pares" (el primero entre iguales). En Occidente, sin embargo, se afirmaba que el obispo de Roma tenía jurisdicción universal sobre toda la Iglesia.

El conflicto estalló en 1054, bajo el patriarcado de Miguel Cerulario en Constantinopla. Cerulario se mostró abiertamente hostil a ciertas prácticas latinas, como el uso de pan sin levadura en la Eucaristía. En respuesta, el papa León IX envió una delegación encabezada por el cardenal Humberto de Silva Cándida para tratar de resolver las disputas.

Sin embargo, el encuentro fue tenso desde el inicio. El cardenal Humberto no encontró disposición al diálogo y, en un gesto dramático, depositó una bula de excomunión sobre el altar de la catedral de Santa Sofía, excomulgando al patriarca Cerulario. Este, a su vez, respondió excomulgando a los enviados papales.

Si bien ni el Papa ni el Patriarca vivían al momento en que se oficializó el cisma, el daño estaba hecho. Lo que había sido un proceso de alejamiento mutuo se selló con un acto simbólico y definitivo. A partir de entonces, las Iglesias de Occidente (católica romana) y Oriente (ortodoxa oriental) caminarían por sendas separadas.

Iglesia Ortodoxa

Tras el cisma, la Iglesia de Oriente se consolidó como la Iglesia Ortodoxa Oriental. Esta rama del cristianismo conserva los siete concilios ecuménicos anteriores al cisma (incluyendo Calcedonia) y se caracteriza por una profunda continuidad con las tradiciones litúrgicas y teológicas de los primeros siglos.

Patriarcados

La Iglesia Ortodoxa se organizó en torno a varios patriarcados autocéfalos (autónomos), aunque en comunión doctrinal. Los más importantes son:

- Patriarcado de Constantinopla (considerado primado de honor)

- Patriarcado de Alejandría

- Patriarcado de Antioquía

- Patriarcado de Jerusalén

- Patriarcado de Moscú (posteriormente establecido)

Cada patriarcado y cada Iglesia nacional conserva su propia administración, pero comparten la misma fe, liturgia y tradición apostólica. No existe una figura central como el Papa; las decisiones se toman de manera conciliar.

Liturgia

La liturgia ortodoxa se celebra principalmente en griego, eslavo o idiomas vernáculos. El rito más común es el rito bizantino, caracterizado por su solemnidad, cantos antiguos, iconografía sagrada y un profundo sentido del misterio. La Eucaristía se celebra con pan con levadura, en contraposición con la práctica latina.

Expansión hacia Europa oriental y Rusia

Desde Constantinopla, el cristianismo ortodoxo se expandió hacia los pueblos eslavos. En el siglo IX, los misioneros Cirílo y Metodio evangelizaron a los pueblos eslavos y crearon el alfabeto glagolítico, precursor del cirílico.

La conversión del príncipe Vladimiro de Kiev en el año 988 marcó el inicio de la cristiandad en la Rus' de Kiev, precursora de la Iglesia Ortodoxa Rusa, que con el tiempo se convertiría en una de las más grandes del mundo ortodoxo.

Iglesias Ortodoxas Orientales (no calcedonianas)

Mientras la Iglesia Ortodoxa Oriental aceptó los decretos de Calcedonia, otra familia de Iglesias orientales los rechazó desde el siglo V. Estas Iglesias, conocidas como ortodoxas orientales o no calcedonianas, se habían separado ya en el contexto del Concilio de Calcedonia (451), mucho antes del cisma de 1054.

Iglesias principales

Las principales Iglesias no calcedonianas son:

- Iglesia Copta Ortodoxa de Alejandría (Egipto)

- Iglesia Ortodoxa Siria (o Jacobita)

- Iglesia Apostólica Armenia

- Iglesia Ortodoxa Etíope

- Iglesia Ortodoxa Eritrea

- Iglesia Siria Malankara Ortodoxa (India)

Estas Iglesias no niegan la divinidad ni la humanidad de Cristo, pero emplean una cristología miafisita, según la cual en Cristo hay una sola naturaleza unificada ("mia" = una), tanto divina como humana, sin confusión ni mezcla.

Rechazo del Concilio de Calcedonia

El rechazo a Calcedonia no fue simplemente una diferencia de términos, sino también de autoridad. Muchas de estas Iglesias estaban en regiones políticamente alejadas del centro imperial y vieron las decisiones del concilio como una imposición.

La separación fue duradera, aunque en siglos recientes ha habido diálogos teológicos modernos que han identificado que muchas diferencias eran más semánticas que sustanciales. Aun así, estas Iglesias continúan su vida independiente desde el siglo V.

La Iglesia Valdense

Orígenes y visión de Pedro Valdo

La Iglesia Valdense surgió en el siglo XII, siendo uno de los movimientos de renovación cristiana más antiguos de Europa occidental. Su fundador, Pedro Valdo, fue un rico comerciante de Lyon que, alrededor del año 1173, experimentó una conversión radical tras leer los evangelios. Decidió vender sus bienes, vivir en pobreza y predicar de forma itinerante, acompañado de un pequeño grupo de seguidores.

Pedro Valdo

- Líder carismático y autodidacta.

- Promotor del uso de la Biblia en lengua vernácula.

- Defensor del sacerdocio de todos los creyentes.

Los valdenses, llamados originalmente Pobres de Lyon, comenzaron a predicar públicamente, lo cual fue considerado una violación a la exclusividad clerical. Esto llevó a su excomunión en el III Concilio de Letrán (1179). Sin embargo, el movimiento se extendió por los Alpes, Francia e Italia.

Durante siglos fueron perseguidos por la Inquisición, sobrevivieron escondidos en los valles del Piamonte y vivieron como una comunidad cerrada pero resiliente. En el siglo XVI, en el Sínodo de Chanforan (1532), se alinearon formalmente con la Reforma Protestante, especialmente con el calvinismo.

Contribuciones modernas:

- Defensa temprana de la Biblia como única autoridad.

- Influencia en la Reforma del siglo XVI.

- Testimonio de resistencia espiritual ante siglos de represión.

Un cristianismo cada vez más plural

La Tercera Parte de nuestra historia muestra cómo el cristianismo, nacido en unidad y bajo una misma fe apostólica, comenzó a diversificarse estructural y doctrinalmente. Ya no se trataba solo de diferencias de costumbres, sino de estructuras institucionales separadas, credos distintos y ritos diferentes.

El cisma del año 1054 no fue el inicio, pero sí un símbolo definitivo de la fractura entre Oriente y Occidente. Junto a él, las Iglesias no calcedonianas nos recuerdan que, incluso desde el siglo V, ya existía una multiplicidad de tradiciones cristianas que continuarían su camino con fidelidad a su propia historia.

*Ilustracion de la estatua de **Pedro Valdo** en el monumento en memoria de Martín Lutero en Worms, Alemania.*

Cuarta Parte

Reforma Protestante y Contra reforma

Pre-reforma: Acontecimientos anteriores a la reforma

En el siglo XVI, Europa fue el escenario de una de las transformaciones más radicales en la historia del cristianismo: la Reforma protestante. Lo que comenzó como un llamado a la renovación espiritual y moral dentro de la Iglesia católica romana derivó en la formación de múltiples denominaciones cristianas independientes, provocando una fragmentación sin precedentes en la cristiandad occidental.

Este movimiento no solo cambió la estructura de la Iglesia, sino que también transformó la política, la educación, el arte, la cultura y el pensamiento europeo. Fue una era marcada por imprentas, traducciones bíblicas, disputas públicas, guerras religiosas y nuevas visiones sobre la fe y la autoridad eclesial.

Antecedentes y causas de la Reforma

Mucho antes de Martín Lutero, ya existían voces críticas dentro del cristianismo occidental. La corrupción del clero, la venta de indulgencias, el lujo eclesiástico y el centralismo papal habían generado descontento en sectores religiosos y laicos.

Entre los precursores del movimiento reformista se destacan:

La Reforma de Bohemia

Antes de que Martín Lutero clavara sus 95 tesis en 1517, el cristianismo europeo ya había comenzado a mostrar grietas profundas. Una de las primeras grandes reformas estructuradas dentro de la Iglesia surgió en Bohemia (actual República Checa) en el siglo XIV, impulsada por el teólogo y predicador Jan Hus.

Contexto social y religioso

Bohemia era parte del Sacro Imperio Romano Germánico, pero su pueblo tenía una fuerte identidad eslava. En este contexto, el clero católico era visto por muchos como corrupto, foráneo y desconectado de las necesidades del pueblo. Las demandas por una reforma de la Iglesia crecían, alimentadas por las ideas del inglés John Wycliffe, cuyos escritos influyeron profundamente en Jan Hus.

Jan Hus (c. 1372–1415)

Teólogo, rector de la Universidad de Praga y reformador religioso, Hus abogó por:

- El uso de las Escrituras como única autoridad en asuntos de fe.

- La comunión bajo las dos especies (pan y vino) para los laicos.

- La condena de la venta de indulgencias y del lujo eclesiástico.

- La predicación en lengua vernácula (checo).

Fue excomulgado por el Papa y citado al Concilio de Constanza (1415) con promesas de salvoconducto.

Sin embargo, fue arrestado, juzgado y quemado en la hoguera como hereje, convirtiéndose en mártir nacional y religioso.

Las Guerras Husitas (1419–1434)

La ejecución de Hus provocó una reacción masiva en Bohemia. Se organizaron ejércitos populares conocidos como husitas, divididos en dos grupos principales:

- Los Utraquistas: moderados que querían la comunión bajo las dos especies y reformas litúrgicas.

- Los Taboritas: radicales que proponían una teocracia popular.

Ambos grupos lucharon contra los cruzados enviados por el Papa y el emperador. El líder militar más notable fue Jan Žižka, un estratega ciego que jamás fue derrotado en batalla.

Las guerras terminaron con el Compromiso de Basilea (1436), que reconoció algunos derechos de los husitas utraquistas, aunque los taboritas fueron eventualmente derrotados.

Legado de la Reforma de Bohemia

- Primer movimiento de reforma estructurado en Europa.

- Sentó precedentes doctrinales y eclesiológicos que influenciaron directamente a Martín Lutero.

- Dio origen a la Unidad de los Hermanos, precursora de la Hermandad de Moravia.

Hoy, la memoria de Hus y la Reforma de Bohemia es un símbolo de lucha por la verdad y la justicia espiritual. Su lema —"La verdad prevalecerá"— sigue presente en el escudo nacional de la República Checa.

La Hermandad de Moravia (Hermanos Moravos)

Unidad, sacrificio y misión

La Hermandad de Moravia encuentra sus raíces en los movimientos husitas del siglo XV, en la región de Bohemia (actual República Checa). Nace como una rama de la Iglesia Husita, influenciada por las ideas reformadoras de Jan Hus, quien fue quemado en la hoguera en 1415.

Personajes destacados:

- Jan Hus: precursor de la reforma, teólogo bohemio, defensor de la Escritura y opositor a la corrupción clerical.

- Comenius (Jan Amos Komenský): teólogo moravo del siglo XVII, pionero de la educación moderna.

- Conde Nikolaus Zinzendorf: aristócrata luterano sajón del siglo XVIII, protector y renovador de la Hermandad.

A pesar de la dura persecución católica tras la Batalla de la Montaña Blanca (1620), la Hermandad sobrevivió de forma clandestina. En 1722, refugiados moravos encontraron protección en las tierras del conde Zinzendorf en Sajonia (Herrnhut), donde se reorganizaron espiritualmente.

En 1727, una experiencia mística de avivamiento marcó el inicio de un poderoso movimiento misionero global, mucho antes que otras denominaciones protestantes.

Legado y relevancia:

- Fundadores del movimiento misionero moderno (Caribe, África, América).

84

- Énfasis en la fraternidad, el himno y la vida comunitaria.

- Participación en el avivamiento metodista y en el movimiento ecuménico.

*Ilustracion de **Jan Hus**.*

Martin Lutero y la reforma protestante (1517)

A comienzos del siglo XVI, Europa parecía estar vestida de fe, pero enferma de poder. La Iglesia católica, que por siglos había sido la madre espiritual del continente, se encontraba enredada en ambiciones terrenales, alianzas políticas y prácticas que poco tenían que ver con el Evangelio.

Desde Roma, los papas gobernaban como príncipes, rodeados de lujos, arte y soldados. Entre sus proyectos más grandiosos estaba la construcción de la basílica de San Pedro, en el corazón del Vaticano. La obra había comenzado bajo el papado de Julio II, el mismo pontífice que contrató a Miguel Ángel para pintar la Capilla Sixtina. Sin embargo, su sucesor, León X, heredó no solo la ambición arquitectónica, sino también el costo monumental de completarla.

Para financiar el proyecto, la Iglesia recurrió a uno de los métodos más controversiales y espiritualmente corruptos de la época: la venta de indulgencias.

Cuando la iglesia vendió el cielo

Las indulgencias eran ofrecidas como un alivio temporal de las penas del purgatorio. A cambio de una "ofrenda", los fieles podían recibir el perdón de sus pecados —o incluso de los pecados de sus seres queridos fallecidos. Era una especie de banca celestial, controlada por la jerarquía eclesiástica.

Uno de los más célebres predicadores de indulgencias fue Johann Tetzel, quien recorría Alemania proclamando:

> *"Tan pronto como la moneda en el cofre suena, el alma del purgatorio al cielo vuela."*

Este comercio de perdón provocó indignación entre muchos creyentes sinceros, pero fue en Sajonia, en la ciudad de Wittenberg, donde la historia se desvió definitivamente.

Martín Lutero, monje agustino y profesor de Teología en la Universidad de Wittenberg, llevaba años luchando internamente con la culpa, el miedo al juicio divino y la corrupción que veía en la Iglesia. Su estudio profundo de las Escrituras —especialmente de Romanos— lo llevó a una revelación transformadora:

> *La salvación no se compra ni se gana, es un don gratuito de la gracia de Dios, recibido por la fe.*

Las 95 tesis y el mito de Wittenberg

Movido por esta convicción, Lutero escribió una lista de 95 proposiciones teológicas cuestionando el valor espiritual de las indulgencias y el abuso pastoral que implicaban.

A diferencia del mito popular, Lutero no clavó las tesis en la puerta de la iglesia del castillo como se suele representar. Esta imagen se popularizó siglos después como símbolo de rebelión. En realidad, lo que hizo fue enviar sus tesis por escrito a su obispo, Alberto de Brandeburgo, el 31 de octubre de 1517, tal como era costumbre académica en aquel entonces.

La reacción de Roma

Las ideas de Lutero no habrían tenido mayor alcance si no hubiera sido por la imprenta, que convirtió sus tesis en panfletos masivos. Lo que comenzó como un debate teológico se convirtió en una revolución espiritual.

Roma no tardó en responder. En 1520, el papa León X emitió la bula papal Exsurge Domine, en la que condenaba 41 proposiciones de Lutero como heréticas y le exigía retractarse. La respuesta de Lutero fue una declaración abierta de guerra teológica: quemó la bula públicamente en Wittenberg, junto con el Código de Derecho Canónico.

*Martin Lutero, quemando la bula papal **Exsurge Domine**.*

El Papel de la Imprenta en la Difusión de la Reforma Protestante

En la tranquila ciudad alemana de Maguncia, alrededor del año 1440, un orfebre llamado Johannes Gutenberg ensambló un invento que cambiaría el rumbo del pensamiento occidental. Combinando prensas de vino, moldes de metal y tintas resistentes, creó el primer sistema práctico de tipografía móvil en Europa: la imprenta.

Hasta entonces, los libros eran copiados a mano por monjes o amanuenses, una tarea lenta y costosa. Un solo ejemplar podía tardar años en producirse. Gutenberg rompió esa barrera. En 1455, imprimió su obra más famosa: la Biblia de 42 líneas, en latín. Era hermosa, simétrica y producida en múltiples copias.

Sin que él lo supiera, su invento no solo había hecho accesible la palabra escrita: también había sembrado la semilla de una revolución que, décadas más tarde, haría temblar al papado.

Lutero encuentra su voz

Cuando en 1517 Martín Lutero escribió sus 95 Tesis contra las indulgencias, no pretendía iniciar un movimiento religioso global. En la práctica académica de la época, las tesis se debatían entre eruditos y quedaban dentro de las paredes universitarias.

Pero algo había cambiado. Alguien —posiblemente Lutero o sus seguidores— entregó el texto a un impresor. En pocas semanas, las tesis estaban siendo leídas en Leipzig, Núremberg, Basilea y más allá. Por primera vez, una crítica eclesiástica se convertía en lectura pública, accesible y viral.

En pocos años Lutero se convirtió en el primer autor de masas de la historia moderna: publicó más de medio millón de ejemplares entre 1517 y 1525. Los obradores de imprenta reproducían sus sermones, panfletos y tratados sin descanso. De hecho, el historiador Mark U. Edwards apunta que la Reforma fue la primera "campaña mediática" a gran escala: miles de folletos propagandísticos circularon por Europa y se imprimieron más escritos de Lutero que de cualquier otro publicista

En ese lapso, Lutero escribió más de 30 tratados y panfletos. Como se apunta en el párrafo anterior, se estima que en esos años se imprimieron más de 500,000 copias de sus escritos, en un imperio donde la mayoría de la población apenas empezaba a leer. La Reforma fue la primera campaña de comunicación masiva de la historia moderna.

La imprenta permitió que las ideas reformistas viajaran más rápido que los ejércitos del emperador o las condenas del papa. Los textos no solo eran escritos: eran multiplicados, distribuidos, comentados, copiados, y a menudo traducidos. En Alemania, Suiza, Francia y los Países Bajos, la palabra de Lutero y otros reformadores como Zuinglio, Calvino y Melanchthon invadía hogares, mercados y escuelas.

En 1522, Lutero publicó su traducción del Nuevo Testamento al alemán, una novedad radical. Antes, la Biblia solo se leía en latín, lengua desconocida para el pueblo llano. Su versión, accesible, directa y poética, se agotó en semanas: entre 3,000 y 5,000 copias fueron vendidas inmediatamente, y miles más se reimprimieron en los años siguientes.

Otros reformadores siguieron el mismo camino: Zuinglio publicó sus "67 Artículos" en Zúrich; Calvino imprimió su Institución de la religión cristiana en Basilea en 1536; y las imprentas protestantes comenzaron a establecer una red alternativa de conocimiento fuera del control de Roma.

La reacción de Roma: Censura y control

La Iglesia Católica comprendió rápidamente que esta nueva tecnología podía ser peligrosa. En 1515, el papa León X estableció que ningún libro se imprimiera sin autorización eclesiástica previa. En 1521, Lutero fue excomulgado y sus obras prohibidas.

Pero era tarde. El libro impreso era más difícil de detener que un predicador o un panfleto manuscrito. Se multiplicaba en secreto. Cruzaba fronteras. Las palabras de los reformadores eran copiadas en hojas sueltas, leídas en voz alta en plazas, y memorizadas por analfabetos.

En 1559, como parte de la Contrarreforma, la Iglesia publicó el Índice de Libros Prohibidos, una lista que intentaba detener la marea. Pero para entonces, la opinión pública ya era parte del campo de batalla religioso, y los fieles ya no aceptaban el monopolio clerical de la interpretación.

La imprenta no solo permitió leer a más personas: cambió la forma de pensar. Los laicos comenzaron a discutir teología. Surgieron escuelas de alfabetización. Las ciudades se llenaron de talleres tipográficos y librerías. El saber ya no era privilegio clerical.

En palabras de los estudiosos, la Reforma protestante fue inseparable de la imprenta. Sin ella, Lutero habría sido una nota al pie de página en los archivos de Roma. Con ella, fue un autor de masas, un teólogo popular, y el primer gran "influencer" de la historia moderna.

La imprenta no predicó, pero dio voz a los que querían predicar diferente. No juzgó, pero permitió juzgar a la Iglesia. No escribió doctrina, pero multiplicó la posibilidad de elegir entre doctrinas.

En el centro de ese cruce de tinta y fe, los reformadores encontraron el arma que necesitaban. Y la historia cristiana —desde entonces— ya no volvió a escribirse a mano, ni bajo el control exclusivo de un solo trono espiritual.

INDEX LIBRORVM

PROHIBITORVM,

CVM REGVLIS CONFECTIS
per Patres a Tridentina Synodo delectos,
auctoritate Sanctifs.D.N. Pij IIII,
Pont. Max. comprobatus.

VENETIIS, M. D. LXIIII.

*Portada de la primera edición del Index librorum prohibitorum, impreso
en Venecia en 1564.*

La Dieta de Worms (1521)

El emperador del Sacro Imperio Romano Germánico, Carlos V, convocó a Lutero a comparecer ante una asamblea imperial en la ciudad de Worms, conocida como la Dieta de Worms.

Frente al emperador, príncipes, obispos y teólogos, Lutero fue instado a retractarse. Después de una noche de oración y lucha espiritual, respondió con palabras inmortales:

> *"A menos que se me convenza por testimonios de las Escrituras o por razones evidentes —pues no creo ni al Papa ni a los concilios solos, ya que han errado con frecuencia—, estoy atado por los textos de la Sagrada Escritura que he citado, y mi conciencia está cautiva de la Palabra de Dios.*
>
> *No puedo ni quiero retractarme de nada, porque no es seguro ni correcto actuar contra la conciencia.*
>
> *Aquí estoy. No puedo hacer otra cosa. Que Dios me ayude. Amén."*

Lutero fue declarado hereje y proscrito, pero no fue arrestado. Su seguridad fue garantizada por uno de sus principales protectores: Federico el Sabio, príncipe elector de Sajonia, quien organizó un fingido secuestro y lo ocultó en el castillo de Wartburg.

Durante su exilio en Wartburg, Lutero tradujo el Nuevo Testamento al alemán, un acto revolucionario que acercó la Biblia al pueblo y dio impulso al desarrollo de la lengua alemana moderna.

Entretanto, sus ideas se difundían como pólvora. Muchos príncipes alemanes —motivados por convicciones religiosas, intereses políticos o ambas— comenzaron a adoptar las enseñanzas de Lutero en sus territorios.

La Dieta de Espira y los primeros "protestantes"

En 1529, el emperador Carlos V convocó la Segunda Dieta de Espira, donde se intentó revocar las libertades religiosas que se habían concedido a algunos príncipes luteranos en una dieta anterior.

Ante esta amenaza, los príncipes reformados elevaron una protesta formal contra el intento imperial de coartar su conciencia y su libertad de culto.

Este evento fue crucial: de esa protesta nació el nombre "protestantes", que pasó a designar a todos los que se separaban de Roma por fidelidad a la Reforma.

La Reforma Protestante no fue un acto impulsivo, sino el resultado de siglos de tensiones espirituales, abusos institucionales y búsqueda de autenticidad cristiana. Lutero no fue un rebelde sediento de poder, sino un teólogo profundamente convencido de que la Escritura y la conciencia fiel valen más que cualquier autoridad humana.

Sostenido por la imprenta, impulsado por la convicción, y protegido por los príncipes alemanes, Lutero fue la voz que rompió el silencio de una Iglesia dividida.

Y aunque no imaginó las múltiples divisiones que vendrían después, sí encendió una llama que aún ilumina y quema.

Lutero y la Epístola de Santiago

Entre los muchos ecos que provocó la voz de Martín Lutero durante los años convulsos de la Reforma, uno de los más singulares fue su juicio sobre ciertos libros del Nuevo Testamento. Si bien mantuvo el canon bíblico en su totalidad, Lutero no temió jerarquizar su contenido.

Entre las epístolas que observó con recelo se encontraba la Epístola de Santiago.

En el Prólogo a la edición alemana del Nuevo Testamento (1522), Lutero escribió con franqueza:

> *"Por lo tanto, esta epístola de Santiago es realmente una epístola de paja, porque no contiene nada evangélico."*

Esta frase, célebre y polémica, no fue un gesto aislado de arrogancia doctrinal, sino el reflejo de su apasionada defensa de un principio que para él era irrenunciable: la justificación por la fe sola (sola fide). A juicio de Lutero, la epístola de Santiago parecía contradecir esta enseñanza, especialmente en su afirmación:

> *"Vosotros veis, pues, que el hombre es justificado por las obras, y no solamente por la fe."*
>
> *(Santiago 2:24)*

En contraposición, Lutero se aferraba a las palabras del apóstol Pablo:

> *"Concluimos, pues, que el hombre es justificado por la fe sin las obras de la ley."*
>
> *(Romanos 3:28)*

Estas tensiones llevaron a Lutero no a suprimir el texto sagrado, sino a relegarlo al final del Nuevo Testamento, junto a Hebreos, Judas y Apocalisis, libros que también consideró de menor claridad evangélica.

Aun así, el reformador no eliminó la Epístola de Santiago del canon bíblico, y su juicio se moderó en años posteriores. Reconocía que el libro contenía "muchas buenas enseñanzas" morales, pero sostenía que no enseñaba de forma clara la obra redentora de Cristo.

Este episodio ilustra una de las muchas tensiones que rodearon el nacimiento del protestantismo: el equilibrio entre la autoridad de las Escrituras y la interpretación teológica desde una nueva perspectiva de fe.

Martín Lutero sobre la Epístola de Santiago (1522)

Fragmento del Prólogo al Nuevo Testamento

> *"Por lo tanto, esta epístola de Santiago es realmente una epístola de paja, porque no contiene nada evangélico. Aunque se le atribuya a San Santiago, no creo que haya sido escrita por un apóstol."*
>
> — *Martín Lutero, Prólogo al Nuevo Testamento, Wittenberg, 1522*

Versión original en alemán:

> *"Also ist die Epistel S. Jacobs eine rechte stroherne Epistel, denn sie hat kein evangelisch Wesen an sich. Ob sie gleich von S. Jacob geschrieben ist, glaube ich doch nicht, dass sie von einem Apostel herrühre."*

Fue excomulgado por el Papa León X en 1521, pero se negó a retractarse ante el emperador Carlos V. A partir de entonces, las Iglesias luteranas se desarrollaron principalmente en Alemania, Escandinavia y partes del Báltico.

Ulrico Zuinglio y la Reforma en Suiza (1520)

En paralelo a Lutero, el reformador suizo Ulrico Zuinglio impulsó una reforma en la ciudad de Zúrich. Aunque compartía muchas ideas con Lutero, se distanció en aspectos como la Eucaristía, que interpretaba de forma simbólica.

Zuinglio abogaba por una lectura más racional de las Escrituras, la abolición de imágenes religiosas y una estructura eclesiástica más democrática.

Mientras Lutero luchaba por una reforma en el corazón del Sacro Imperio Germánico y Enrique VIII desafiaba al papado desde Inglaterra, una transformación paralela estaba gestándose en los cantones suizos. Aquí, la Reforma no solo se manifestó como un enfrentamiento con la autoridad eclesiástica, sino también como un proyecto de reorganización social, educativa y moral profundamente estructurado.

La Reforma en Zúrich

El primer gran reformador suizo fue Ulrico Zuinglio (1484–1531), sacerdote y humanista influido por Erasmo de Róterdam. En 1519, comenzó a predicar en la catedral de Zúrich con un enfoque centrado en las Escrituras. Rechazó firmemente muchas prácticas católicas, como la veneración de los santos, el celibato clerical y la misa como sacrificio.

Su Reforma fue impulsada más por el gobierno local que por la nobleza, a diferencia de Alemania. Zuinglio organizó debates públicos donde defendía sus posturas ante clérigos y autoridades, logrando que Zúrich adoptara oficialmente sus reformas.

Sin embargo, Zuinglio también se vio envuelto en conflictos armados. Murió en 1531 durante la batalla de Kappel, en un enfrentamiento entre cantones reformados y católicos. Su legado quedaría parcialmente eclipsado por una figura más sistemática: Juan Calvino.

Juan Calvino y el calvinismo (1536)

Juan Calvino (1509-1564), nacido en Noyon, Francia, estudió derecho y humanidades. Convertido al protestantismo en su juventud, tuvo que huir de Francia por sus ideas. En 1536, publicó su obra más influyente: "Institución de la Religión Cristiana", un tratado de teología sistemática que se convertiría en referencia fundamental del protestantismo reformado.

Ese mismo año, fue invitado a Ginebra, donde con el tiempo instauró una reforma profunda. Su visión era la de una sociedad ordenada según los principios bíblicos, con estrictas normas de conducta pública y privada. Calvino implementó un sistema de gobierno eclesiástico con presbíteros, doctores y pastores, y creó la Academia de Ginebra, semillero de predicadores reformados para toda Europa.

Entre los pilares de su teología estaban la predestinación, la soberanía absoluta de Dios y la autoridad exclusiva de las Escrituras. A diferencia de Lutero, Calvino fue un gran organizador y legislador religioso.

Ginebra: "La Roma protestante"

Bajo su liderazgo, Ginebra se transformó en un modelo de ciudad reformada, que atrajo a perseguidos religiosos de diversos países. Desde allí se irradiaron sus ideas hacia Francia (hugonotes), Escocia (presbiterianos), los Países Bajos y Europa central.

Calvino también protagonizó polémicas, como la ejecución del médico Miguel Servet, acusado de herejía por negar la Trinidad. Aunque Calvino no fue el juez final, su papel en la condena sigue siendo objeto de debate histórico.

Extracto de la "Institución de la Religión Cristiana" (1536)

> *"La fe no consiste en la ignorancia, sino en el conocimiento de Dios, tal como se ha manifestado en su Palabra."*
>
> — *Juan Calvino*

El calvinismo se expandió por Países Bajos, Escocia, Francia (hugonotes), partes de Alemania y el Nuevo Mundo (especialmente entre los puritanos).

Casiodoro de Reina y la traduccion al castellano

En el vasto entramado de divisiones y reformas que marcaron el devenir del cristianismo, el idioma fue una de las barreras más persistentes. Durante siglos, la Biblia fue monopolizada por las élites eclesiásticas, escrita en latín y leída solo por unos pocos. Para las masas, la fe era algo que se recibía sin cuestionamiento, sin comprensión directa de las Escrituras. Pero con la Reforma protestante, comenzó una revolución silenciosa: la traducción de la Biblia a las lenguas vernáculas.

Mientras Lutero traducía al alemán y Tyndale al inglés, en el mundo hispano surgía un nombre casi olvidado por la historia, pero de impacto incalculable: Casiodoro de Reina. En una España regida por la Inquisición y cerrada a todo brote reformista, su gesta no solo desafió el poder establecido, sino que puso en manos del pueblo la Palabra de Dios en su propio idioma, abonando el terreno para futuras divisiones y nuevas denominaciones en tierras hispanas.

La historia de Casiodoro de Reina

Casiodoro nació hacia 1520 en Montemolín, una aldea del Reino de Sevilla. Ingresó como monje jerónimo en el monasterio de San Isidoro del Campo, donde un grupo de religiosos comenzó a estudiar la Biblia con profundidad, al calor de las ideas humanistas del Renacimiento y del fermento espiritual de la Reforma luterana. Allí, lejos de la vigilancia inmediata de Roma, se gestó un pequeño foco de reforma en territorio español.

Pero su despertar no pasó desapercibido. Acusados de herejía, muchos de sus compañeros fueron arrestados por la Inquisición y sometidos a tortura o ejecutados públicamente. Casiodoro logró escapar. Huyó de su tierra natal sabiendo que nunca más volvería.

Su exilio lo llevó a Ginebra, donde intentó integrarse entre los reformados calvinistas. Sin embargo, sus ideas sobre la libertad de conciencia y la tolerancia religiosa chocaron con el autoritarismo doctrinal de los ginebrinos. Fue vigilado y expulsado. Viajó entonces a Londres, después a Amberes, Frankfurt y finalmente a Basilea. Era un peregrino de la fe, sin nación ni refugio estable, pero con un propósito claro: traducir la Biblia al castellano directamente desde las lenguas originales.

Este trabajo le tomó más de una década. Con una erudición excepcional, Casiodoro tradujo el Antiguo Testamento del hebreo y el Nuevo Testamento del griego. En 1569, vio la luz su obra monumental: la Biblia del Oso, llamada así por la ilustración de la portada, donde un oso busca miel en un panal. Más que un detalle curioso, esa imagen simbolizaba la búsqueda de la dulzura de la verdad en medio del hambre espiritual.

Cabe destacar que esta version contenia los libros deuterocanonicos o "apocrifos" que son: La oracion de Manases, tercer y cuarto libro de Esdras, el libro de Tobias, el libro de Judit, los pasajes en griego del libro de Esther, el libro de la Sabiduria, el libro del Eclesiastico, el libro de Baruc, los pasajes en griego del libro de Daniel (La Oracion de Azarias y el Cantico de los Tres Jovenes, Historia de Susana y la Historia de Bel y el Dragon) y los libros I y II de los Macabeos.

Estos libros Deuterocanonicos o "Apocrifos" tambien fueron parte de la revision que fue realizada por su discipulo Cipriano de Valera y publicada en el 1602, conocida como la Biblia del Cantaro debido a la ilustracion de la portada, hasta que fue revisada por un sacerdote anglicano llamado Lorenzo Lucena Pedrosa en 1862, quien removio los deuterocanonicos de la biblia, dando origen a la célebre Biblia Reina-Valera, que hasta el día de hoy sigue siendo la versión más leída por evangélicos de habla hispana.

La publicación de Casiodoro de Reina fue financiada con grandes dificultades, y la edición tuvo que hacerse de forma clandestina, pues la Inquisición perseguía ferozmente cualquier intento de difundir la Biblia en castellano fuera del control eclesiástico. Aun así, la Biblia del Oso circuló de manera secreta entre cristianos reformados de España, Portugal y América, convirtiéndose en una piedra angular del protestantismo hispano.

Casiodoro murió en el exilio, en 1594, sin riquezas ni reconocimiento. Pero su obra sobrevivió. Su Biblia cruzó océanos, rompió cadenas de ignorancia y empoderó a miles de creyentes a leer, interpretar y vivir la fe de manera personal y directa.

En la historia del cristianismo, Casiodoro de Reina ocupa un lugar especial. No fue un fundador de una nueva iglesia, ni un teólogo polemista, ni un predicador carismático. Fue, más bien, un mediador entre el texto sagrado y el alma del pueblo hispano. Su traducción fue un acto de valentía y fe que abrió paso a una nueva forma de cristianismo, más accesible, más íntimo y más plural.

Su vida encarna el precio de la libertad espiritual: el exilio, la soledad, la sospecha constante. Pero también muestra que una sola persona, armada con convicción y fidelidad a las Escrituras, puede cambiar el curso de la historia. En el mapa de las divisiones del cristianismo, la obra de Casiodoro de Reina marcó una frontera decisiva: la frontera entre el control religioso y la conciencia libre.

LA BIBLIA,
QVE ES, LOS SA-
CROS LIBROS DEL
VIEIO Y NVEVO TE-
STAMENTO.

Trasladada en Español.

רבר אלהינו יקומ לעולם

La Palabra del Dios nuestro permanece para siempre. Isa. 40.

M. D. LXIX.

Primera pagina de la "Biblia del Oso" traducida por Casiodoro de Reina en el 1569.

Portada de la Biblia del Cántaro, traducida por Cipriano de Valera en
1602, que se conserva en la Biblioteca Nacional de España.

El cristianismo en la era de la colonización (1492-1565)

Cruz y corona

A partir del siglo XV, Europa comenzó una de las transformaciones más profundas de su historia: la expansión ultramarina. Las potencias emergentes — España, Portugal, Inglaterra, Francia y Holanda— no solo zarparon en busca de rutas comerciales, territorios y riqueza; también llevaban consigo sus lenguas, leyes y religiones.

La expansión colonial fue también una expansión del cristianismo, aunque no siempre en términos espirituales. Misioneros, obispos y traductores caminaron junto a soldados, gobernadores y comerciantes. La cruz se plantaba con la espada al costado, y el resultado fue una mezcla profunda, a veces trágica, entre fe, cultura y poder.

Las coronas católicas: España y Portugal

Tras la Reconquista ibérica y el fortalecimiento de las monarquías, tanto España como Portugal se autodefinieron como reinos católicos al servicio de Dios. Cuando comenzaron sus viajes hacia África, Asia y América, llevaron consigo el catolicismo romano como parte inseparable de su misión imperial.

En 1493, el papa Alejandro VI emitió las bulas alejandrinas, que otorgaban a España y Portugal el derecho exclusivo de evangelizar los territorios conquistados. Esta alianza fue conocida como el Patronato Real, y le daba a la corona autoridad sobre la organización eclesiástica colonial.

Los franciscanos, dominicos y jesuitas fueron los principales actores misioneros en América y Asia. Fundaron escuelas, reducciones indígenas y comunidades cristianas en zonas remotas, muchas veces actuando como intermediarios entre los pueblos nativos y los colonizadores.

Sin embargo, la evangelización católica fue profundamente ambigua: a veces protectora de los indígenas (como en el caso de Bartolomé de las Casas), y otras veces instrumento de justificación del sometimiento cultural y político.

La Reforma y la segunda oleada: Inglaterra y Holanda

En los siglos siguientes, las potencias protestantes también se embarcaron en proyectos coloniales, especialmente Inglaterra, Países Bajos y luego Alemania. Con ellos viajaron denominaciones reformadas:

- Anglicanos en Norteamérica, África y Oceanía
- Presbiterianos escoceses en Canadá, India y el Caribe
- Luteranos en misiones alemanas
- Reformados calvinistas en Sudáfrica y partes de Asia
- Bautistas, metodistas y adventistas a través de misiones voluntarias en el siglo XIX

Aunque la motivación no era directamente religiosa, las iglesias protestantes veían en la colonización una oportunidad para expandir el Evangelio en tierras "paganizadas", pero también para competir simbólicamente con el catolicismo romano.

En muchos casos, la misión protestante fue menos organizada por el Estado y más impulsada por sociedades misioneras como la London Missionary Society o la

American Board of Commissioners for Foreign Missions, especialmente a partir del siglo XVIII.

Cristianismo sincrético y resistencia

En territorios colonizados, la cristianización tuvo efectos múltiples:

- En América Latina, surgió un catolicismo popular profundamente mezclado con elementos indígenas y africanos.

- En África, la introducción de escuelas cristianas fue uno de los factores que más contribuyó a la formación de élites locales ilustradas, que luego liderarían movimientos de independencia.

- En Asia, la resistencia al cristianismo europeo creció, especialmente cuando se percibía como instrumento de destrucción cultural (como en China o Japón).

- En algunos casos, el cristianismo fue adoptado por los pueblos colonizados como forma de organización frente al poder colonial, generando movimientos autóctonos, como las iglesias africanas independientes.

Aunque en su origen la expansión cristiana fue muchas veces impulsada por imperios europeos, con el tiempo, las iglesias en los territorios colonizados comenzaron a desarrollarse por sí mismas. Hoy en día, muchas de las comunidades cristianas más numerosas del mundo están en:

- Brasil (católicos y evangélicos)

- Nigeria (anglicanos, pentecostales)

- Filipinas (católicos)

- Corea del Sur (presbiterianos y metodistas)

- China (iglesias clandestinas y oficiales)

Lo que comenzó como una exportación europea, hoy es un fenómeno global, descentralizado, y en muchos casos, liderado por pueblos que antes fueron colonizados.

El cristianismo y la colonización caminaron juntos durante más de cuatro siglos. A veces como cómplices, otras como frenos mutuos, y a menudo como expresiones opuestas de poder y fe. Las denominaciones que cruzaron los mares con los barcos imperiales no solo llevaron doctrina: llevaron formas de ver el mundo, estructuras sociales y también semillas de futuros cambios.

Hoy, el cristianismo global sigue siendo diverso, pero su geografía ha cambiado: ya no gira en torno a Europa, sino a América Latina, África y Asia, lugares donde —ironía de la historia— alguna vez llegó como parte de un imperio, y donde hoy florece desde abajo.

Ilustracion de los colonizadores trayendo el cristianismo a América.

Anabaptistas (1525)

El ala izquierda de la Reforma

Mientras Lutero, Zuinglio y Calvino forjaban las grandes líneas del protestantismo magisterial —con apoyo de príncipes, consejos municipales y universidades—, otra Reforma surgía desde abajo, con fuerza profética, pasión bíblica y una radicalidad que desafiaba no solo a Roma, sino también a los reformadores.

Esta rama, conocida por sus enemigos como los anabaptistas (del griego ana, "otra vez"), defendía que el bautismo debía realizarse solo a adultos creyentes, lo cual era visto como una ofensa no solo teológica, sino social y política.

El anabaptismo fue el movimiento más incomprendido y perseguido de la Reforma. Acusado de sectarismo, fanatismo y anarquía, fue condenado tanto por católicos como por protestantes. Sin embargo, su legado perdura hasta hoy en iglesias como los menonitas, amish, huteritas y bautistas. Comprender el anabaptismo es mirar hacia la Reforma desde sus márgenes, donde la fe no era solo doctrina, sino resistencia.

Origen histórico: Zúrich

La historia del anabaptismo comienza en Zúrich, Suiza, a principios de 1520, en el contexto de la Reforma iniciada por Ulrico Zuinglio. Zuinglio había comenzado a predicar contra varias prácticas católicas: el celibato clerical, las imágenes en las iglesias, y el poder papal. Sin embargo, en temas como el bautismo infantil, se mostró cauteloso, temiendo divisiones políticas.

Entre sus discípulos surgieron algunos jóvenes más impacientes y radicales: Conrad Grebel, Félix Manz y

George Blaurock, quienes insistían en que el bautismo debía ser exclusivo para personas con fe personal. El 21 de enero de 1525, en una reunión clandestina, Grebel bautizó a Blaurock en una casa privada. Ese acto fue considerado ilegal, y marcó el nacimiento del movimiento anabaptista.

Este gesto —aparentemente simple— fue un acto de ruptura con siglos de teología cristiana, y con el orden civil europeo.

Para entender el escándalo que provocó el anabaptismo, hay que comprender que, en el siglo XVI, la Iglesia y el Estado estaban profundamente entrelazados. El bautismo no era solo un rito espiritual: era el medio por el cual el individuo se integraba al cuerpo político, quedaba registrado en la parroquia, y se reconocía como súbdito.

Negar el bautismo infantil era negar el vínculo entre Iglesia y Estado, y proponer un nuevo tipo de comunidad: voluntaria, espiritual y alternativa al orden establecido. Por eso, tanto protestantes como católicos persiguieron a los anabaptistas: no solo por doctrinas, sino por desestabilizar el tejido político.

Teología anabaptista: convicciones

Aunque el anabaptismo no fue un movimiento uniforme, se pueden identificar algunas convicciones comunes:

1. Bautismo de creyentes: solo personas con fe consciente pueden ser bautizadas.

2. Separación entre Iglesia y Estado: el Reino de Dios no debe depender del poder secular.

3. Ética del Sermón del Monte: no jurar, no matar, no resistir al mal con violencia.

4. Disciplina comunitaria: la Iglesia debía ejercer

corrección espiritual (excomunión incluida).

5. Pacifismo radical: rechazar la guerra y el uso de la espada en toda forma.

6. Libre interpretación de las Escrituras: sin depender de estructuras jerárquicas.

Muchos anabaptistas también creían en una eclesiología restauracionista: la Iglesia debía regresar al modelo del Nuevo Testamento, antes de Constantino, sin sacerdocios ni catedrales.

Personajes principales

- Conrad Grebel (1498–1526): considerado el padre del anabaptismo. Educado en Basilea y Viena, murió joven de peste.

- Félix Manz (1498–1527): primer mártir anabaptista; fue ahogado por las autoridades reformadas de Zúrich.

- George Blaurock (1491–1529): antiguo sacerdote católico, bautizado por Grebel. Ejecutado en 1529.

- Balthasar Hubmaier (1480–1528): teólogo más erudito del anabaptismo. Apoyó el bautismo de creyentes, pero defendía el derecho a la autodefensa. Quemado en Viena.

- Hans Hut, Pilgram Marpeck y Jakob Hutter: líderes posteriores que buscaron consolidar el movimiento.

Münster: fanatismo y tragedia

Uno de los capítulos más oscuros del anabaptismo ocurrió en Münster, Alemania, en 1534–1535, cuando un grupo de anabaptistas radicales tomó el control de la ciudad e instauró un régimen teocrático apocalíptico.

Liderados por Jan van Leiden, proclamaron la nueva "Jerusalén" e incluso implementaron la poligamia como práctica obligatoria.

El resultado fue catastrófico. El ejército del obispo católico asedió la ciudad, la tomó con violencia, y ejecutó públicamente a los líderes anabaptistas. Sus cuerpos fueron colgados en jaulas de hierro en la iglesia de San Lamberto —donde aún se exhiben como advertencia histórica.

Este episodio fue usado por enemigos del anabaptismo para generalizar su imagen como fanáticos anárquicos, aunque la mayoría del movimiento repudió y rechazó el extremismo de Münster.

¿reforma o herejía?

Históricamente, el anabaptismo fue tratado como una herejía peligrosa. Las Confesiones protestantes, como la de Augsburgo, lo condenaron abiertamente. La Iglesia católica lo incluyó entre los movimientos más subversivos del siglo.

Pero la historiografía moderna ha hecho una revaloración crítica del anabaptismo. Autores como Harold Bender en el siglo XX plantearon que el anabaptismo fue la Reforma completada, es decir, un regreso coherente a los valores del Nuevo Testamento.

Sin embargo, no todos los estudiosos están de acuerdo. Algunos consideran que su visión fue demasiado utópica, su separación del mundo insostenible, y su falta de unidad interna, un talón de Aquiles. Otros destacan su profunda espiritualidad, su compromiso con la paz, y su valor profético en un tiempo de cruzadas religiosas.

Legado

A pesar de la persecución brutal, el anabaptismo no

desapareció. Dio origen a movimientos como:

- Menonitas (seguidores de Menno Simons)
- Amish (escisión menonita del siglo XVII)
- Huteritas (vida comunitaria y comunión de bienes)
- Bautistas (aunque con orígenes distintos, influenciados por principios anabaptistas)

El anabaptismo también fue un precursor del ideal de libertad religiosa moderna. Su defensa del libre albedrío, la separación entre Iglesia y Estado, y la conciencia individual marcaron un camino que más tarde sería adoptado por pensadores ilustrados.

El anabaptismo fue el ala izquierda de la Reforma. No buscó poder, ni respaldo político, ni estabilidad institucional. Buscó vivir el evangelio radicalmente, sin espada, sin alianza con príncipes, sin concesiones.

Pagaron un precio altísimo: cárceles, hogueras, exilios, y martirio. Pero su sangre fue semilla de una iglesia distinta, una que aún hoy sigue creyendo que la fe es una elección personal, que el Reino de Dios no necesita armas, y que la obediencia a Cristo está por encima de toda estructura humana.

Menonitas y Huteritas

Fe sin espada: cuando la obediencia a Cristo lo era todo

El siglo XVI fue un tiempo de reformas teológicas, rupturas con Roma, y guerras confesionales. Mientras Lutero desafiaba al papado desde Wittenberg, y Calvino reformaba la ciudad de Ginebra, en el corazón de Europa nació un movimiento aún más radical: los anabaptistas.

Este grupo no solo rechazó el bautismo infantil, sino también la unión entre Iglesia y Estado, la violencia, y la participación en guerras o cargos públicos. Por estas convicciones, fueron perseguidos tanto por católicos como por protestantes magisteriales.

De esta corriente surgieron ramas más organizadas y pacíficas que sobrevivirían hasta nuestros días: los menonitas y los huteritas. Aunque comparten raíces comunes, su historia y sus énfasis los distinguen.

El movimiento anabaptista nació cuando un grupo de discípulos de Ulrico Zuinglio rompió con su maestro al considerar que la Reforma no estaba avanzando lo suficiente. En una noche decisiva, Conrad Grebel, Félix Manz y George Blaurock se rebautizaron mutuamente, convencidos de que solo los creyentes conscientes podían entrar al pacto de Dios.

Estos actos eran ilegales y peligrosos: en muchas regiones, el bautismo infantil era considerado un acto cívico que marcaba pertenencia al Estado. Rebautizarse era visto como traición. Pero los anabaptistas estaban dispuestos a morir por su fe. Y muchos lo hicieron.

Entre los años más turbulentos del anabaptismo, Menno Simons (1496–1561), un sacerdote católico holandés, se encontraba en una profunda crisis espiritual. Al estudiar las Escrituras por sí mismo, comenzó a dudar de la transubstanciación, de la validez del bautismo infantil, y de la vida superficial del clero.

Tras la ejecución de su hermano, un anabaptista comprometido, Menno abandonó el catolicismo en 1536 y se unió a los anabaptistas pacifistas del norte de Europa. Allí comenzó a ejercer un liderazgo pastoral extraordinario, dando forma, orden y teología a una comunidad hasta entonces dispersa.

Bajo su influencia, el movimiento anabaptista se transformó en lo que hoy conocemos como los "menonitas", nombrados en su honor. Su énfasis fue:

- Pacifismo absoluto: rechazo a toda forma de violencia, guerra o autodefensa.

- No juramento: basado en las palabras de Jesús en Mateo 5:34.

- Separación del mundo: evitar participar en estructuras del Estado y vivir en santidad comunitaria.

- Iglesia compuesta por creyentes bautizados por decisión propia.

Menno escribió extensamente y fue perseguido por autoridades tanto protestantes como católicas. Vivió como fugitivo la mayor parte de su vida, pero su visión pastoral y su liderazgo unificador permitieron que miles de anabaptistas encontraran un nuevo rumbo espiritual y sobrevivieran como una iglesia de paz en medio del conflicto.

Paralelamente, en Moravia (actual República Checa), otro anabaptista radical estaba modelando una forma de comunidad cristiana aún más radical: Jacob Hutter (c. 1500–1536).

Hutter, oriundo del Tirol (actual Austria), se unió al movimiento anabaptista y viajó a Moravia, donde los anabaptistas habían sido tolerados en ciertas regiones. Allí fundó comunidades basadas en el libro de los Hechos, particularmente en Hechos 2:44-45 y 4:32:

> *"Todos los creyentes estaban juntos y lo tenían todo en común."*

Así nació el modelo comunitario huterita, donde no solo la fe, sino también los bienes, el trabajo y la vida diaria eran compartidos. Cada miembro renunciaba a la propiedad privada para vivir como una verdadera familia espiritual.

Jacob Hutter fue capturado y quemado vivo en 1536 en Innsbruck, Austria. Pero sus enseñanzas, ejemplo y organización dieron origen a una red de comunidades que perduran hasta hoy: los huteritas.

Tanto menonitas como huteritas sufrieron persecuciones sistemáticas durante los siglos XVI y XVII. En Alemania, Suiza, Austria y los Países Bajos fueron encarcelados, exiliados o ejecutados. Algunos eran ahogados como "bautismo definitivo", otros morían en las galeras.

Estas presiones los empujaron a una vida nómada y aislada, moviéndose constantemente en busca de tolerancia. Eventualmente, muchos emigraron hacia:

- Polonia y Prusia Oriental (siglo XVII)

- Rusia, bajo la protección de Catalina la Grande, que les ofreció tierra y exención del servicio militar (siglo XVIII–XIX)

- Finalmente, América del Norte, especialmente Canadá y Estados Unidos, durante los siglos XIX y XX, huyendo de la conscripción militar y de la asimilación forzada.

Vida comunitaria y estilo de vida

Menonitas:

- No todos los menonitas son iguales. Algunos, como los menonitas conservadores, mantienen estilos de vida sencillos, vestimenta tradicional y hablan alemán bajo (Plautdietsch).

- Otros, como los menonitas moderados y progresistas, viven en ciudades, usan ropa moderna, y participan en la vida pública y académica.

- En todos los casos, conservan un fuerte sentido de identidad cristiana, ética del trabajo, y compromiso con la paz y la justicia social.

Huteritas:

- Han conservado, hasta hoy, el modelo de vida comunitaria completa.

- Viven en colonias agrícolas autosuficientes, principalmente en Canadá y Estados Unidos.

- No practican la propiedad privada: todos los bienes, cosechas y herramientas pertenecen a la comunidad.

- Mantienen un estilo de vida sobrio, con separación cultural significativa respecto al mundo exterior.

Hoy en día, los menonitas y huteritas suman cientos de miles de miembros alrededor del mundo. Sus contribuciones incluyen:

- Esfuerzos humanitarios y pacifistas: a través de organizaciones como Mennonite Central Committee.

- Modelos de vida comunitaria alternativa al materialismo moderno.

- Testimonio constante de no violencia, aún en contextos de guerra.

- Preservación de culturas e idiomas propios dentro de contextos modernos.

En una época de doctrinas violentas y de alianzas entre espada y púlpito, los menonitas y huteritas optaron por seguir a Cristo sin cruzar la línea del poder humano.

Preferían morir que matar, servir que gobernar, y compartir que poseer.

Fueron expulsados de muchas tierras, pero fundaron comunidades donde la fe, la fraternidad y la obediencia radical al Sermón del Monte se volvieron norma.

Su legado vive en el testimonio silencioso de pueblos que, sin buscar tronos ni templos de mármol, eligieron ser iglesias sin espada, pero con firmeza.

Los Amish

Fe sencilla, vida separada: la historia de una comunidad resistente

Entre los paisajes rurales de Pensilvania, Ohio y otros rincones de América del Norte, se encuentran comunidades que parecen detenidas en el tiempo: carros tirados por caballos, granjas sin electricidad, personas vestidas con ropas del siglo XVIII. Son los Amish, un grupo cristiano anabaptista que ha resistido los embates de la modernidad para preservar una fe basada en la humildad, la comunidad y la separación del mundo.

Pero su historia no comienza en América. La raíz de los Amish se hunde en los suelos conflictivos de la Europa post-reforma.

Orígenes: entre el anabaptismo y la reforma radical

El anabaptismo surgió en el siglo XVI como una corriente de reforma que rechazaba el bautismo infantil y abogaba por una iglesia compuesta únicamente por creyentes adultos. Fue severamente perseguido tanto por católicos como por protestantes. De este movimiento nacieron varias ramas, incluyendo los menonitas, quienes encontraron en Menno Simons un guía pacificador y organizador.

Sin embargo, con el paso del tiempo, algunos menonitas comenzaron a considerar que el movimiento se había vuelto demasiado permisivo en cuestiones como la disciplina eclesial, la separación del mundo y la observancia literal del Sermón del Monte. Fue entonces cuando surgió una figura decisiva.

Jakob Ammann y el cisma

En la década de 1690, un líder menonita suizo llamado Jakob Ammann promovió una visión más estricta de la fe anabaptista. Creía que los creyentes debían practicar la excomunión activa (Meidung), que incluía evitar el contacto social con aquellos que habían sido disciplinados por la iglesia.

Jakob Ammann insistía en:

- La obediencia literal a la Biblia.

- La práctica del lavamiento de pies como rito obligatorio.

- Una forma de vestir modesta y uniforme.

- La no participación en cualquier forma de gobierno secular o milicia.

Sus posturas provocaron un cisma en 1693 dentro del movimiento menonita. Los seguidores de Ammann comenzaron a ser conocidos como "Amish", nombre derivado de su apellido.

Migración a América

Perseguidos en Suiza, Alsacia y otras regiones del centro de Europa, los Amish encontraron una oportunidad en el Nuevo Mundo. A partir del siglo XVIII, comenzaron a emigrar hacia Pensilvania, una colonia fundada por cuáqueros y conocida por su tolerancia religiosa.

Entre los primeros líderes Amish que llegaron a América se encontraba Christian Yoder, quien ayudó a establecer comunidades estables que sobrevivieron gracias a su fuerte cohesión interna y su negativa a adaptarse a la cultura dominante.

Con el paso de los siglos, los Amish se diseminaron hacia otros estados, como Ohio, Indiana e Illinois, dividiéndose en subgrupos más o menos conservadores, pero siempre preservando los valores fundamentales del movimiento.

Fe y forma de vida

Para los Amish, la vida cristiana no es solo una cuestión de creencias, sino una forma de vivir. Sus principios fundamentales incluyen:

- Gelassenheit: término alemán que implica sumisión, humildad y entrega a la voluntad de Dios.

- Separación del mundo: rechazan la tecnología moderna que consideran invasiva o peligrosa para la vida comunitaria (como la televisión, internet, automóviles).

- No violencia y no resistencia: siguen la ética del Sermón del Monte literalmente, rechazando toda forma de violencia o participación militar.

- Educación limitada: sus escuelas rurales ofrecen formación hasta el 8.º grado, enfocándose en lo práctico y comunitario.

Variedad interna

No todos los Amish son iguales. Existen diferentes órdenes o distritos, que varían en su nivel de conservadurismo:

- Old Order Amish: los más tradicionales, no usan electricidad ni tractores.

- New Order Amish: más abiertos, aceptan ciertos avances como teléfonos en graneros y algunos estudios bíblicos comunitarios.

- Swartzentruber Amish: extremadamente conservadores, incluso evitan los espejos y los cinturones de seguridad.

Impacto y admiración

A pesar de su número relativamente pequeño (alrededor de 350,000 en EE. UU. y Canadá), los Amish han capturado la atención mundial por su coherencia de vida, sentido de comunidad y estabilidad familiar. Son un testimonio viviente de que es posible mantener una forma de fe ancestral en medio de una cultura moderna.

Han sido objeto de libros, estudios sociológicos, documentales y películas. Pero más allá del interés turístico o académico, su existencia plantea preguntas profundas: ¿qué significa vivir con sencillez? ¿Qué sacrifica uno al abrazar la tecnología? ¿Se puede ser cristiano sin asumir el ritmo del mundo contemporáneo?

Los Amish representan una de las respuestas más singulares y consistentes al dilema moderno de fe y cultura. Herederos directos del anabaptismo radical, mantienen viva la visión de una iglesia separada, humilde y comprometida con el Evangelio a través de cada acto cotidiano. Su historia es una historia de resistencia pacífica, de coherencia ética y de fidelidad, incluso ante la incomprensión del mundo exterior.

Anglicanismo: una Reforma política y religiosa (1534)

La ruptura de Enrique VIII con Roma: entre el trono y el altar

El camino hacia la Reforma inglesa no surgió, en un inicio, por profundas disputas teológicas, sino por cuestiones políticas, dinásticas y personales. En el centro de todo estaba el rey Enrique VIII de Inglaterra (1491–1547), un monarca que inicialmente fue un firme defensor del catolicismo y que incluso recibió del papa León X el título de "Defensor de la fe" por su escrito en contra de Martín Lutero (Assertio septem sacramentorum, 1521).

Sin embargo, su lealtad al papado se resquebrajaría por una causa íntima, pero de consecuencias históricas: su matrimonio con Catalina de Aragón, hija de los Reyes Católicos de España, no le daba un heredero varón. Catalina había sido, además, la esposa de su hermano Arturo, lo que ya había generado una dispensa papal para permitir su unión con Enrique.

Obsesionado con asegurar la sucesión y convencido de que su matrimonio no contaba con la bendición divina, Enrique solicitó al papa Clemente VII la anulación de su matrimonio. Su deseo no era simplemente divorciarse: quería que el matrimonio fuera considerado nulo desde el inicio, para poder casarse legítimamente con Ana Bolena, dama de compañía de la reina Catalina y quien ya había capturado el favor y la atención del rey.

Pero la petición de Enrique llegó en un momento políticamente explosivo. El papa se encontraba bajo la presión del emperador Carlos V, quien era sobrino de Catalina de Aragón. En 1527, el mismo año en que Enrique inició el proceso de anulación, Roma fue saqueada por las tropas imperiales en el famoso Sacco di Roma. Clemente VII, prácticamente rehén del emperador, no estaba en posición de contrariar abiertamente a Carlos V.

Este enredo diplomático hizo imposible la concesión de la anulación. Ante la negativa del papa, Enrique decidió actuar por su cuenta. En 1533, se casó en secreto con Ana Bolena y poco después nombró como arzobispo de Canterbury a Thomas Cranmer, quien declaró inválido su matrimonio con Catalina. En respuesta, el papa excomulgó a Enrique.

En 1534, el Parlamento inglés aprobó el Acta de Supremacía, que declaraba al rey como "jefe Supremo de la Iglesia en Inglaterra", separando formalmente la Iglesia anglicana de la obediencia papal.

Así nació la Iglesia Anglicana, una institución independiente de Roma, aunque inicialmente muy similar al catolicismo en liturgia y organización, salvo por la ausencia de obediencia al pontífice.

Thomas Cranmer y la consolidación del anglicanismo

Thomas Cranmer (1489–1556) fue una figura clave. Desde su cargo como arzobispo, impulsó reformas litúrgicas y doctrinales, incluyendo la elaboración del Book of Common Prayer (Libro de Oración Común), base del culto anglicano. Durante el reinado del joven Eduardo VI, Cranmer consolidó una teología protestante más clara.

Sin embargo, con la llegada de María I (la católica) al trono, el péndulo volvió hacia Roma. Cranmer fue arrestado y, tras retractarse brevemente, reafirmó públicamente su fe protestante antes de ser quemado en la hoguera en 1556, convirtiéndose en un mártir del anglicanismo.

El dilema del Papa Clemente VII

> *"El asunto del rey de Inglaterra pesa sobre nosotros como una roca que no podemos mover sin causar un terremoto."*
>
> — *Atribuido a un cardenal allegado al papa Clemente VII (c. 1530)*

Aunque la estructura inicial se mantuvo muy similar al catolicismo, con el tiempo se introdujeron reformas doctrinales y litúrgicas, especialmente bajo el reinado de Eduardo VI con la influencia del arzobispo Thomas Cranmer, autor del Libro de Oración Común.

El anglicanismo evolucionó en una vía intermedia entre catolicismo y protestantismo, y se ramificó en movimientos como:

- Alta Iglesia (más ritualista, cercana al catolicismo)
- Baja Iglesia (más protestante y evangélica)

Hoy, la Comunión Anglicana está presente en todo el mundo, con especial fuerza en Inglaterra, África y América del Norte.

Movimiento Puritano Separatista Inglés

En la Inglaterra del siglo XVI, la Reforma protestante no llegó por un despertar espiritual espontáneo ni por una protesta doctrinal masiva. Llegó por decisión real. El rey Enrique VIII, en conflicto con el papa por motivos matrimoniales y dinásticos, rompió con Roma en 1534 y se declaró cabeza suprema de la Iglesia de Inglaterra.

Sin embargo, aunque el vínculo con Roma se cortó, la Iglesia anglicana conservó gran parte de su estructura católica: obispos, liturgia formal, vestimentas clericales y una cercanía teológica considerable con el catolicismo.

En este contexto nació un grupo de creyentes que, inspirados por la Reforma continental, consideraron que la reforma inglesa había sido superficial. Querían ir más allá, purificar la Iglesia de toda traza papista, y establecer una comunidad basada únicamente en las Escrituras.

¿Quiénes eran los puritanos?

El término "puritano" fue originalmente un apodo peyorativo. Surgió alrededor de 1560 para describir a aquellos que querían purificar la Iglesia de Inglaterra de prácticas no bíblicas. Eran clérigos, teólogos, académicos y laicos convencidos de que la reforma debía continuar.

Los puritanos no eran todos iguales. Se dividieron en dos grandes grupos:

1. Puritanos no separatistas: Querían reformar la Iglesia desde adentro. Mantenían comunión con ella, aunque con reservas.

2. Puritanos separatistas: Consideraban que la Iglesia de Inglaterra era irremediablemente corrupta y que los verdaderos cristianos debían separarse y formar iglesias puras, independientes y voluntarias.

Fue este segundo grupo —los puritanos separatistas— quienes vivirían persecución, exilio, y eventualmente, darían origen a movimientos duraderos como los bautistas, los congregacionalistas, y los peregrinos del Mayflower.

Razones de la separación

Los separatistas creían que la Iglesia de Inglaterra:

- Permitía ministros no regenerados, sin evidencia de conversión.

- Conservaba ritos católicos que no tenían fundamento en la Biblia.

- Mantenía una jerarquía episcopal con poder político.

- Imponía conformidad religiosa obligatoria mediante el Estado.

- Para los separatistas, la verdadera Iglesia debía ser:

- Compuesta solo por creyentes nacidos de nuevo.

- Gobernada por la congregación local.

- Centrada en la predicación expositiva de la Palabra.

- Organizada en congregaciones voluntarias y autónomas.

Robert Browne y la base teórica

Uno de los primeros pensadores separatistas fue Robert Browne (c. 1550–1633), considerado el padre ideológico del congregacionalismo. En su obra "A Treatise of Reformation Without Tarrying for Any" (1582), argumentó que los creyentes no deben esperar a que el Estado reforme la Iglesia, sino actuar ellos mismos para formar comunidades fieles a Cristo.

Aunque Browne luego se reconcilió con la Iglesia anglicana, sus ideas influyeron poderosamente en los movimientos separatistas posteriores.

Persecución, exilio y peregrinaje

La reina Isabel I y más tarde el rey Jacobo I (el mismo de la Biblia King James) persiguieron severamente a los separatistas. Celebrar cultos fuera de la Iglesia estatal era ilegal. Muchos líderes fueron arrestados, y algunos, como Henry Barrow y John Greenwood, fueron ejecutados por organizar reuniones independientes.

Para sobrevivir, muchos separatistas huyeron a Países Bajos, en especial a Ámsterdam y Leiden, donde gozaban de cierta tolerancia religiosa. Allí, varios de estos grupos fundaron iglesias libres, y algunos de ellos darían el siguiente gran paso: cruzar el océano.

El Mayflower y los peregrinos

En 1620, un grupo de separatistas ingleses —hoy conocidos como los peregrinos— partió hacia el Nuevo Mundo a bordo del Mayflower. Buscaban no solo libertad religiosa, sino también el derecho a establecer una iglesia según sus convicciones.

Fundaron la colonia de Plymouth, en lo que hoy es Massachusetts, y con ello, plantaron la semilla del protestantismo evangélico en América del Norte.

Aunque no todos los colonos eran separatistas, el núcleo fundacional de la comunidad fue dirigido por pastores y laicos que creían en la congregación autónoma, la Biblia como única regla de fe, y la libertad de conciencia.

Legado e influencia

El movimiento puritano separatista dejó una huella profunda en:

- La formación de iglesias congregacionalistas y bautistas.
- El concepto de iglesia libre, no subordinada al poder civil.
- La idea de que la Iglesia debe estar compuesta solo por creyentes.

- La defensa pionera de la libertad religiosa.
- El principio de que la autoridad final reside en las Escrituras y no en tradiciones humanas.

En América, sus ideas influyeron en la estructura cívica, el pensamiento político y la cultura religiosa. Su legado vive en cada iglesia evangélica que se rige por principios congregacionales, en cada predicador que insiste en la conversión personal, y en cada comunidad que se reúne no por decreto estatal, sino por convicción espiritual.

El movimiento puritano separatista inglés no fue popular ni poderoso. Sus miembros fueron perseguidos, marginados, y a menudo silenciados. Pero en su debilidad, sembraron una visión de Iglesia fiel, sencilla y bíblica, que trascendió océanos y siglos.

Creían que la verdadera Iglesia no se construye con mármol ni poder, sino con corazones transformados por la Palabra y comprometidos con la santidad.

Y así, desde pequeñas casas escondidas en Inglaterra hasta comunidades libres en América, proclamaron que Cristo es la única cabeza de la Iglesia, y que el alma humana solo puede ser gobernada por su conciencia delante de Dios.

Ilustración del Mayflower y los peregrinos.

La Iglesia Episcopal

Anglicanos en América: tradición e independencia

La Iglesia Episcopal es la expresión estadounidense del anglicanismo, y tiene sus raíces en la Reforma Inglesa. Tras la ruptura con Roma bajo Enrique VIII en 1534, la Iglesia de Inglaterra se convirtió en la iglesia oficial inglesa, conservando muchos elementos católicos con teología protestante.

Contexto americano:

Durante la época colonial, el anglicanismo fue introducido en América del Norte como la religión establecida en varias colonias. Sin embargo, tras la independencia de los Estados Unidos en 1776, surgió la necesidad de una iglesia autónoma, leal a la tradición anglicana pero desligada del control británico.

Personajes clave:

- Samuel Seabury: primer obispo consagrado en 1784 para la nueva iglesia episcopal.

- William White: principal arquitecto del sistema de gobierno de la iglesia con representación laica y clerical.

- Absalom Jones: primer sacerdote afroamericano ordenado en la Iglesia Episcopal en 1804.

La Iglesia Episcopal se constituyó formalmente en 1789 con un sistema democrático de sínodos, manteniendo la sucesión apostólica y adoptando una identidad nacional.

Valores e impacto:

- Defensa de los derechos civiles y sociales (desde el siglo XIX).

- Liturgia rica y estructurada basada en el Libro de Oración Común.

- Inclusión progresista en temas de género y diversidad sexual.

Hoy en día, la Iglesia Episcopal forma parte de la Comunión Anglicana Mundial, con presencia en todo EE. UU. y vínculos con comunidades en América Latina, Asia y África.

El Concilio de Trento y la Contrarreforma (1545–1563)

Reforma católica interna

El avance de la Reforma protestante en el siglo XVI representó para la Iglesia católica no solo una crisis, sino también una oportunidad para revisar, reafirmar y reformular su identidad. La reacción institucional y espiritual a esta amenaza fue lo que la historia ha denominado como Contrarreforma.

Esta no fue un simple intento de revertir los cambios protestantes, sino un movimiento complejo que incluyó reformas internas, renovación espiritual y fortalecimiento doctrinal, impulsado tanto desde Roma como desde nuevas órdenes religiosas.

La piedra angular de la Contrarreforma fue el Concilio de Trento, convocado por el Papa Paulo III en 1545 y celebrado en varias etapas hasta 1563. Fue el decimonoveno concilio ecuménico y el más importante desde el de Calcedonia, once siglos atrás.

Este concilio tuvo dos grandes objetivos:

1. Responder a los desafíos doctrinales planteados por la Reforma protestante, reafirmando las enseñanzas

tradicionales.

2. Reformar la disciplina eclesiástica, respondiendo a las críticas legítimas sobre corrupción, ignorancia y abusos dentro del clero.

Decisiones del Concilio

- Canon bíblico: Se confirmó el canon de las Escrituras incluyendo los libros deuterocanónicos, rechazados por los reformadores.

- Justificación: Se definió que la salvación requiere tanto la gracia como las buenas obras, en contraposición a la "sola fe" luterana.

- Sacramentos: Se reafirmaron los siete sacramentos tradicionales.

- Transubstanciación: Se sostuvo la doctrina de la presencia real de Cristo en la Eucaristía.

- Formación del clero: Se impulsó la creación de seminarios para formar sacerdotes educados y comprometidos.

- Residencia obligatoria de obispos: Para evitar el abandono de diócesis por parte de los jerarcas eclesiásticos.

- Lucha contra la simonía y el nepotismo: Para limpiar la imagen de la Iglesia.

El concilio también promulgó el Catecismo Romano y normas litúrgicas que unificaron la práctica católica durante siglos.

Los jesuitas: intelectuales y misioneros

La Contrarreforma no se limitó a decisiones conciliares. Uno de los movimientos más influyentes fue la fundación de la Compañía de Jesús por Ignacio de Loyola en 1540. Los jesuitas combinaron disciplina militar, formación académica rigurosa y fervor misionero.

Fueron clave en:

- La educación, fundando colegios y universidades por toda Europa.
- La apologética, defendiendo la fe católica en debates con protestantes.
- Las misiones, especialmente en América, Asia y África.

Los jesuitas representaron una nueva cara del catolicismo: reformado, preparado, moderno y militante.

La Contrarreforma también impulsó una renovación estética y espiritual, expresada en el arte barroco, que buscaba conmover y persuadir. Pintores como Caravaggio y arquitectos como Bernini contribuyeron a crear una iconografía poderosa, centrada en la pasión de Cristo, los santos y la Virgen María.

Surgieron también movimientos de espiritualidad renovada, como los de Teresa de Ávila y Juan de la Cruz, que dieron profundidad mística a la renovación católica.

Fechas clave del Concilio de Trento

- Inicio: 13 de diciembre de 1545
- Clausura: 4 de diciembre de 1563
- Ubicación: Trento (hoy Italia), con interrupciones por guerras y epidemias
- Papados involucrados: Paulo III, Julio III, Pío IV

Con Trento, la Iglesia católica no solo reaccionó a la Reforma, sino que entró en una nueva etapa, marcada por una identidad más definida y una autoridad central fortalecida. La unidad perdida en Europa occidental nunca sería recuperada, pero el catolicismo salió de la crisis con mayor cohesión interna y capacidad de expansión global.

Ilustracion del Concilio de Trento (1545–1563). Sesión solemne en la que la Iglesia Católica reafirmó sus dogmas y dio forma a la Contrarreforma.

Quinta Parte

Nuevas ramas en los siglos modernos

Divisiones internas del protestantismo

Ramas de un mismo tronco

Cuando Martín Lutero clavó —o más precisamente como aclaramos en capitulos anteriores, envió— sus 95 tesis en 1517, no tenía la intención de fundar una nueva religión ni dividir la Iglesia. Su objetivo era reformar lo que él consideraba desviado: los abusos, las supersticiones y la corrupción dentro del catolicismo de su tiempo. Lo que siguió fue una revolución espiritual sin precedentes que dividió la cristiandad occidental en dos grandes bloques: católicos y protestantes.

Pero la historia no se detuvo allí. Lo que nació como una protesta unificada contra Roma, pronto se fragmentó internamente. No había papa, ni concilio universal que unificara al protestantismo. Cada grupo comenzó a interpretar las Escrituras por sí mismo, y a organizarse según sus convicciones.

Lo que comenzó como un tronco común, se convirtió en un bosque de denominaciones.

La raíz: la sola Scriptura

La Sola Scriptura —la idea de que la Biblia es la única autoridad suprema en asuntos de fe y práctica— fue la base doctrinal del protestantismo. Pero esa misma base, sin un órgano de interpretación común, abrió paso a múltiples lecturas, énfasis y teologías.

Cada grupo, al interpretar las Escrituras, desarrolló sus propios credos, formas de culto, estructuras eclesiásticas y visiones del mundo. Así surgieron corrientes múltiples que compartían el mismo evangelio, pero lo expresaban de maneras distintas.

Ya en el siglo XIX, el protestantismo se había expandido por Europa, América, África y Asia, llevándose consigo su diversidad doctrinal. El siglo XX marcó una explosión denominacional, impulsada por:

- Diferencias doctrinales (escatología, sacramentos, dones espirituales).

- Enfoques litúrgicos (tradicional vs. contemporáneo).

- Tensiones éticas o morales (matrimonio, género, liderazgo).

- Separaciones raciales, culturales o nacionales.

¿Un problema o una riqueza?

Las divisiones internas del protestantismo han sido vistas de dos maneras:

- Como una debilidad: porque fragmentan la fe cristiana, confunden a los creyentes y dan lugar a sectarismos.

- Como una riqueza: porque reflejan la libertad de conciencia, la diversidad de expresiones y el dinamismo del Espíritu.

Muchos protestantes creen que, a pesar de sus diferencias, están unidos por lo esencial: la fe en Jesucristo, la autoridad de la Biblia, y el poder transformador del Evangelio.

La Iglesia Presbiteriana

Un río que nace en Ginebra y fluye hacia Escocia

En el siglo XVI, mientras Europa era sacudida por el clamor de la Reforma, no todos los caminos protestantes conducían a Wittenberg. Al sur del Rin, en una ciudad suiza llamada Ginebra, se gestaba otra corriente: más estructurada, más teológica, más austera. Esta corriente no sólo desafiaría a Roma, sino que también establecería un nuevo orden eclesiástico: el presbiterianismo, una iglesia gobernada no por obispos, sino por ancianos elegidos, con un fuerte énfasis en la soberanía absoluta de Dios.

Las raíces doctrinales: Calvino y la teología reformada

El presbiterianismo tiene sus raíces en la Reforma suiza, particularmente en la obra de Juan Calvino (1509–1564), reformador francés que huyó de su país por causa de la persecución y halló refugio en Ginebra, Suiza.

Calvino fue un teólogo brillante, sistemático y profundamente bíblico. Su obra principal, la Institución de la Religión Cristiana, es una de las más influyentes en la historia del protestantismo. En ella, articuló doctrinas centrales como:

- La soberanía de Dios sobre todas las cosas, incluida la salvación.
- La depravación total del ser humano a causa del pecado.

- La justificación por la fe.
- La predestinación: Dios elige libremente a quienes salvar.
- El valor de la vida cristiana disciplinada, regida por la Palabra.

Pero Calvino no se limitó a escribir teología. Reformó la ciudad de Ginebra, estableciendo una Iglesia que funcionaba según principios bíblicos, donde los ministros no eran jerarcas solitarios, sino parte de un cuerpo pastoral sujeto a vigilancia mutua.

Esta estructura eclesial se conoció como gobierno presbiteriano, del griego presbyteros, que significa "anciano".

¿Qué es una iglesia presbiteriana?

A diferencia del sistema episcopal (gobernado por obispos) y el congregacional (gobernado por cada asamblea local), el presbiterianismo se basa en un gobierno representativo:

- Cada congregación elige ancianos (presbíteros) que, junto con el pastor, forman el "consistorio" o consejo local.
- A nivel regional, estos ancianos se reúnen en presbiterios.
- Luego se organizan en sínodos y asambleas generales.
- Las decisiones se toman en cuerpos colegiados, no por una sola persona.

Este modelo fue diseñado para reflejar lo que los reformadores veían en el Nuevo Testamento: una iglesia gobernada por hombres piadosos, rendidos a la Palabra de Dios, y no por jerarquías humanas.

Escocia: el corazón del presbiterianismo

Si Ginebra fue su cuna, Escocia fue su catedral. Allí, el presbiterianismo no solo floreció, sino que se convirtió en la iglesia nacional y símbolo de identidad.

El principal responsable fue John Knox (c. 1514-1572), ex sacerdote católico convertido al protestantismo, quien huyó de la persecución en Escocia y pasó tiempo en Ginebra bajo la tutela de Calvino. Knox quedó profundamente influenciado por la teología reformada y el modelo de iglesia presbiteriana.

Cuando regresó a Escocia, Knox lideró la Reforma escocesa, predicando con fuerza contra la misa, la idolatría y el dominio papal. En 1560, el Parlamento de Escocia aprobó la Confesión Escocesa, primer estándar doctrinal de la Reforma en el país, y declaró la independencia religiosa de Roma, sentando las bases de la futura Iglesia de Escocia de gobierno presbiteriano.

Este fue el comienzo de una historia marcada por luchas intensas entre presbiterianos, anglicanos y católicos en las Islas Británicas.

Conflictos y mártires

Durante los siglos XVI y XVII, el presbiterianismo escocés fue probado en el crisol de la persecución. Los "covenanters", firmantes de pactos que defendían la fe presbiteriana frente al absolutismo del rey y los intentos de imponer el anglicanismo, fueron perseguidos, encarcelados y ejecutados.

Uno de los momentos más dramáticos fue la firma del Pacto Nacional (1638) y luego la del Pacto Solemne y Liga (1643), que buscaban preservar la pureza de la fe reformada frente a las injerencias políticas.

Estas luchas no fueron solo religiosas, sino también

políticas: el presbiterianismo, con su estructura descentralizada y democrática, chocaba con el absolutismo monárquico que exigía sumisión a la corona en asuntos eclesiásticos.

Westminster y la estandarización de la fe

En medio de estas tensiones, se convocó en Inglaterra la famosa Asamblea de Westminster (1643-1653), que redactó documentos fundamentales para el presbiterianismo mundial:

- La Confesión de Fe de Westminster
- El Catecismo Mayor
- El Catecismo Menor

Estos textos siguen siendo hasta hoy las bases doctrinales de las iglesias presbiterianas en todo el mundo. Definen una teología reformada clásica, centrada en la soberanía de Dios, la autoridad de las Escrituras y el pacto de gracia.

Expansión internacional

Con el tiempo, el presbiterianismo se extendió desde Escocia a otros rincones del mundo:

- Estados Unidos: Llegó con inmigrantes escoceses e irlandeses. La Iglesia Presbiteriana tuvo un rol crucial en la fundación de muchas universidades (como Princeton) y en el desarrollo del pensamiento reformado en América.

- Canadá, Australia y Sudáfrica: También recibieron influencia presbiteriana a través del colonialismo británico y el esfuerzo misionero.

- América Latina y Asia: A partir del siglo XIX, los misioneros presbiterianos establecieron iglesias en México, Brasil, Argentina, Corea del Sur y China.

Hoy en día, la Iglesia Presbiteriana de Corea es una de las más grandes del mundo.

Enfoques distintivos

El presbiterianismo ha sido históricamente reconocido por:

- Énfasis en la educación: fundación de universidades y seminarios.

- Gobierno eclesial representativo.

- Fidelidad confesional a documentos históricos.

- Culto reverente y sobrio.

- Evangelismo y obra misionera, especialmente en el siglo XIX.

Ramas y divisiones

Como otras tradiciones protestantes, el presbiterianismo también ha vivido divisiones internas, algunas por motivos doctrinales, otras por razones culturales o sociales:

- Presbyterian Church (USA) – una de las ramas más grandes y moderadas.

- Presbyterian Church in America (PCA) – conservadora y confesional.

- Free Church of Scotland, Reformed Presbyterian Church, entre otras.

En América Latina también existen múltiples ramas presbiterianas, desde las históricas hasta las reformadas conservadoras.

El presbiterianismo es una expresión única del

protestantismo reformado. Nacido del pensamiento riguroso de Calvino y la pasión profética de Knox, ha sostenido por siglos una fe centrada en la gracia soberana de Dios y una iglesia gobernada por hombres piadosos y responsables ante la comunidad.

En su estructura, refleja orden; en su doctrina, profundidad; y en su historia, fidelidad a la Palabra.

Aunque a veces eclipsado por movimientos más emocionales, el presbiterianismo sigue siendo una columna firme del cristianismo reformado, recordando al mundo que Dios reina, la Escritura guía, y la Iglesia debe ser gobernada con reverencia y sabiduría.

Congregacionalistas (1582)

En los siglos turbulentos de la Reforma protestante, cuando el mundo cristiano rompía cadenas con Roma y se reconfiguraban nuevas jerarquías, algunos creyentes se preguntaban: ¿por qué seguir sometiendo la Iglesia a príncipes, obispos o parlamentos? Si Cristo es la cabeza de la Iglesia, ¿por qué no confiar en que cada congregación pueda gobernarse a sí misma, guiada por las Escrituras y el Espíritu Santo?

Así surgió el movimiento congregacionalista, no como una denominación impuesta desde arriba, sino como una experiencia de libertad desde abajo, desde las comunidades locales que creían que la verdadera Iglesia no necesita jerarquías, sino fe, comunión, y obediencia a la Palabra.

Origen: disidencia dentro del anglicanismo

Los congregacionalistas nacieron como una rama radical del puritanismo inglés en el siglo XVI. Mientras muchos puritanos buscaban reformar la Iglesia de Inglaterra desde dentro, otros perdieron la esperanza de que esa reforma llegara. Para ellos, la Iglesia debía ser compuesta únicamente por creyentes regenerados, y su gobierno debía ser independiente de cualquier autoridad civil o eclesiástica externa.

Rechazaban tanto al papado como al episcopado anglicano. Se negaban a reconocer el derecho del Estado a definir cómo debía organizarse la Iglesia. Su modelo era el del Nuevo Testamento: una comunidad de creyentes, unida por pacto, que se gobierna a sí misma bajo el señorío de Cristo.

Robert Browne: el primer congregacionalista

El primero en formular esta visión fue Robert Browne (c. 1550-1633), ex sacerdote anglicano y figura central en los orígenes del congregacionalismo.

En 1582, Browne publicó su tratado "Reformation Without Tarrying for Any" ("Reforma sin esperar a nadie"), donde afirmaba que la Iglesia no debía esperar al rey, al obispo ni al parlamento para obedecer a Cristo. Si las autoridades no reformaban la Iglesia, los creyentes debían hacerlo por su cuenta.

Fundó una congregación separada en Norwich, Inglaterra, pero fue perseguido y obligado al exilio en los Países Bajos. Aunque eventualmente regresó a la Iglesia anglicana, su pensamiento influyó profundamente a quienes más tarde serían conocidos como independientes o congregacionalistas.

Persecución y resistencia

La Inglaterra de los siglos XVI y XVII no toleraba bien la disidencia religiosa. Fundar iglesias independientes era un acto ilegal. Muchos congregacionalistas fueron encarcelados, exiliados o ejecutados. Aun así, el movimiento creció lentamente.

Líderes como:

- Henry Barrow y John Greenwood fundaron congregaciones clandestinas en Londres.

- Ambos fueron arrestados y ejecutados en 1593 por negarse a someterse a la Iglesia oficial.

- William Ames fue otro gran teólogo congregacionalista, que desarrolló una eclesiología bíblica basada en la autonomía de la Iglesia local.

A pesar de la represión, los congregacionalistas persistieron en su convicción: que Cristo gobierna directamente su Iglesia mediante la comunidad de creyentes reunidos en Su nombre.

El viaje hacia América: el Mayflower

Como abordamos en un capitulo anterior, muchos congregacionalistas que venian del movimiento puritano separatista ingles huyeron a los Países Bajos buscando libertad, y desde allí, un grupo de ellos emprendió un viaje que marcaría la historia: en 1620, abordaron el Mayflower y zarparon hacia el Nuevo Mundo.

Se les conocería como los peregrinos, y fundaron la colonia de Plymouth en la actual Massachusetts. Eran profundamente congregacionalistas: cada comunidad elegía a sus líderes espirituales, decidía sus propias reglas, y buscaba vivir en obediencia a las Escrituras sin interferencia externa.

Este modelo congregacional fue adoptado por otras comunidades puritanas que llegaron después, y se convirtió en la forma predominante de organización eclesial en Nueva Inglaterra durante más de un siglo.

Doctrinas y práctica congregacionalista

Los congregacionalistas no desarrollaron una teología

distinta, pero sí una forma de organizar la Iglesia:

- La autoridad suprema es Cristo, no el rey, ni el papa, ni un sínodo.
- Cada iglesia local es autónoma, pero en comunión fraterna con otras.
- Los pastores son elegidos por la congregación, y rinden cuentas a ella.
- Las decisiones importantes se toman en asambleas congregacionales.
- Se reconoce solo dos ordenanzas: el bautismo y la Cena del Señor.

Aunque conservaban una liturgia seria y reverente, no imponían credos rígidos. La Biblia era su única regla de fe y práctica.

Consolidación en América

En el siglo XVII, el congregacionalismo se consolidó como la forma dominante de Iglesia en Massachusetts, Connecticut y otras colonias. Se fundaron colegios como Harvard (1636) para formar pastores y líderes.

Con el tiempo, sin embargo, surgieron tensiones internas:

- Algunos querían mayor libertad de conciencia.
- Otros defendían un cristianismo más doctrinal y disciplinado.

Esto llevó a nuevas divisiones y al nacimiento de otras denominaciones, como los unitarios, los bautistas, y más adelante, los universalistas.

Presencia global y legado

Hoy en día, el congregacionalismo como tal ha perdido algo de su visibilidad denominacional, pero su modelo eclesiástico ha sido adoptado por muchas otras iglesias, como:

- Los bautistas
- Muchas iglesias evangélicas no denominacionales
- Algunas ramas de los pentecostales

El principio de que cada iglesia local puede gobernarse a sí misma, bajo la autoridad de Cristo y de las Escrituras, es una herencia congregacionalista.

Aún existen denominaciones como:

- La United Church of Christ (EE. UU.)
- Las Congregational Churches del Reino Unido
- Iglesias independientes en todo el mundo que se identifican con esta tradición

Los congregacionalistas no buscaron crear imperios espirituales ni imponer estructuras sobre otros. Su pasión fue una Iglesia gobernada por Cristo y guiada por el Espíritu, donde cada miembro, cada voz, y cada decisión tuviera un lugar en comunidad.

Sembraron libertad eclesial en el suelo fértil de la Reforma, y con ella, la idea de que la fe no necesita tronos ni obispos para florecer. Solo necesita creyentes reunidos con reverencia, una Biblia abierta, y un corazón dispuesto a obedecer.

Iglesia Bautista (1609)

La fe que renació en el agua... sin jerarquías ni coerción

La historia del cristianismo ha estado marcada por concilios, estructuras jerárquicas, y credos imperiales. Pero entre los siglos XVI y XVII, en medio del caos de guerras religiosas, persecuciones doctrinales y reformas incompletas, surgió una expresión radical de fe: la Iglesia Bautista.

No nació en catedrales ni en universidades. Su semilla brotó entre creyentes perseguidos, expatriados y marginados que buscaban algo sencillo pero revolucionario: una comunidad compuesta únicamente por creyentes nacidos de nuevo, bautizados voluntariamente por inmersión, y comprometidos con la libertad de conciencia.

Lo que empezó como una minoría protestante fuera de las instituciones religiosas establecidas, se transformaría, con el tiempo, en una de las familias eclesiásticas más grandes del mundo.

Antecedentes: cuando la Reforma no fue suficiente

La Reforma Protestante del siglo XVI trajo cambios significativos: la Biblia volvió a los pueblos, la gracia sustituyó las obras como camino de salvación, y muchas prácticas católicas fueron abandonadas. Sin embargo, algunos creyentes comenzaron a sentir que la Reforma no había ido lo suficientemente lejos.

En particular, los anabaptistas —rebautizadores— se oponían al bautismo infantil, defendían la separación entre Iglesia y Estado, y promovían una fe voluntaria, adulta y basada en la conversión personal.

Aunque los bautistas surgirían después, compartirían

muchas de esas inquietudes. De hecho, los primeros bautistas nacieron como una extensión y corrección del movimiento puritano separatista inglés, no como una simple rama del anabaptismo continental.

Origen: el nacimiento en el exilio (siglo XVII)

La Iglesia Bautista nació formalmente en el año 1609 en la ciudad de Ámsterdam, en los Países Bajos, de la mano de John Smyth, un pastor inglés puritano.

Smyth y su comunidad habían huido de Inglaterra para evitar la persecución religiosa. En Ámsterdam, mientras estudiaban las Escrituras y debatían sobre la verdadera naturaleza de la Iglesia, llegaron a la convicción de que:

Convencido de esto, John Smyth se bautizó a sí mismo, y luego bautizó a otros miembros de su congregación. Este acto marcó el comienzo formal del movimiento bautista.

Thomas Helwys: el regreso a Inglaterra

Mientras Smyth eventualmente se uniría a los menonitas holandeses, Thomas Helwys, uno de sus compañeros más valientes, regresó a Inglaterra para plantar la primera Iglesia Bautista en suelo inglés (alrededor de 1612).

Helwys escribió uno de los primeros manifiestos sobre la libertad religiosa en el mundo moderno. En su obra A Short Declaration of the Mystery of Iniquity, declaró que el rey no tenía autoridad sobre la conciencia religiosa de los ciudadanos, y que cada persona debía tener libertad para adorar a Dios según su entendimiento de las Escrituras.

Por escribir esto, Helwys fue encarcelado y murió en prisión. Pero su semilla no murió: de esa comunidad nació el movimiento bautista inglés.

Distinciones teológicas de los bautistas

Los bautistas tienen varias convicciones centrales que los distinguen:

- Bautismo solo de creyentes (por inmersión): No se bautizan bebés. El bautismo es un símbolo externo de una fe interna y personal.

- Autoridad de la Biblia: La Escritura es la única norma de fe y práctica.

- Autonomía de la iglesia local: Cada congregación es independiente.

- Sacerdocio de todos los creyentes: No hay castas sacerdotales.

- Libertad religiosa y de conciencia: El Estado no debe interferir en asuntos espirituales.

- Separación Iglesia-Estado: Una convicción pionera en su tiempo.

El crecimiento en América

Los bautistas llegaron a América del Norte en el siglo XVII, buscando la misma libertad religiosa que habían defendido en Europa.

Uno de sus primeros y más influyentes líderes fue Roger Williams, quien fundó en 1638 la Primera Iglesia Bautista de Providence, Rhode Island —considerada la primera iglesia bautista en América— y la primera colonia que garantizaba libertad religiosa plena.

Durante el Primer y Segundo Gran Despertar (siglos XVIII-XIX), los bautistas crecieron enormemente. Su estructura congregacional les permitió expandirse rápidamente en áreas rurales y fronterizas, donde las iglesias estatales no llegaban.

Expansión internacional

En el siglo XIX, los bautistas se convirtieron en una fuerza misionera global. A través de juntas misioneras, escuelas bíblicas y sociedades de evangelización, establecieron iglesias en:

- América Latina (Brasil, Cuba, México, Argentina, República Dominicana).

- África (particularmente Nigeria y Ghana).

- Asia (India, Birmania —hoy Myanmar— y China).

- El Caribe y Europa del Este.

Los bautistas también fundaron colegios, seminarios, editoriales y hospitales, convirtiéndose en una presencia notable en los campos de la educación y el servicio social.

Divisiones internas

Como todo movimiento libre, los bautistas han experimentado divisiones doctrinales y culturales, aunque mantienen una base común.

Las principales divisiones incluyen:

- Bautistas generales vs. bautistas particulares: Diferencia en la doctrina de la expiación (universal vs. limitada).

- Bautistas del Sur (Southern Baptist Convention – SBC): la denominación más grande del mundo bautista, con raíces en EE. UU., inicialmente dividida por temas de esclavitud en el siglo XIX.

- Bautistas independientes: Iglesias autónomas, sin afiliación denominacional.

- Bautistas reformados: Enfatizan la soberanía de Dios y la teología calvinista.

- Bautistas progresistas y liberales: Enfatizan temas sociales y de justicia.

Influencia cultural y académica

Los bautistas han influido poderosamente en:

- Educación: fundación de universidades como Baylor, Samford, Mercer, y muchas más.

- Derechos civiles: figuras como Martin Luther King Jr. fueron pastores bautistas.

- Teología: teólogos como E.Y. Mullins, Carl F.H. Henry y Al Mohler han impactado la teología evangélica.

La historia bautista es una historia de fe sencilla, pero firme. De creyentes que renunciaron al poder institucional para seguir una convicción basada en la Biblia. De congregaciones libres que confiaron en la obra del Espíritu más que en decretos eclesiásticos. De hombres y mujeres que defendieron la conciencia individual y el evangelio predicado en voz clara, con aguas profundas.

Hoy, el mundo bautista incluye millones de creyentes en todos los continentes. Y aunque no están unidos por una jerarquía común, están conectados por un mismo fuego: la convicción de que la fe debe ser libre, el evangelio debe ser predicado, y cada alma debe ser bautizada por decisión, no por tradición.

Resumen histórico del origen bautista:

- Lugar de origen: Ámsterdam (Países Bajos) e Inglaterra.

- Fecha aproximada: 1609 (primer bautismo de adultos por John Smyth).

- Fundadores principales: John Smyth y Thomas

Helwys.

*   Ideas clave: Bautismo solo a creyentes, libertad religiosa, separación Iglesia-Estado.

*   Primera iglesia en Inglaterra: 1612, por Thomas Helwys

Cuáqueros (Sociedad de los Amigos (1647)

Corría la mitad del siglo XVII. Inglaterra estaba desgarrada por guerras civiles, la monarquía tambaleaba, y las iglesias oficiales se veían incapaces de sostener la vida espiritual de la gente común. En ese clima de inestabilidad, surgió una voz nueva —no desde los tronos, ni desde las catedrales—, sino desde la conciencia individual de hombres y mujeres que afirmaban que Dios podía hablar directamente al alma, sin necesidad de clero, sacramentos ni estructuras eclesiásticas.

Así nació la Sociedad Religiosa de los Amigos, más conocidos como cuáqueros.

Origen: Inglaterra, 1647

El movimiento tuvo su origen en 1647, cuando George Fox, un joven zapatero inglés de formación humilde, abandonó su iglesia local al no encontrar respuestas a sus inquietudes espirituales. Viajó por pueblos y campos en busca de verdad, hasta que experimentó lo que él describió como una revelación interior:

> *"Oí una voz que me decía: 'hay uno, Cristo Jesús, que puede hablar contigo.'"*

Esa convicción de que Cristo hablaba directamente al corazón sin necesidad de mediadores humanos, se volvió el núcleo del mensaje de Fox.

Comenzó a predicar sin autorización, en campos, plazas y mercados. Llamaba a la gente al arrepentimiento y a escuchar la "luz interior", la presencia del Espíritu de Dios en cada persona.

Sus seguidores comenzaron a reunirse de manera sencilla, sin pastores ni liturgias formales, esperando en silencio hasta que alguien sintiera el impulso espiritual de hablar.

No buscaban una nueva doctrina, sino una forma viva de experimentar a Dios.

¿Por qué "cuáqueros"?

El nombre "cuáquero" (del inglés Quaker) surgió como burla. En un juicio ante un magistrado, George Fox dijo que todos debían "temblar ante la Palabra del Señor". El juez se rio y los llamó Quakers —"tembladores". Pero el término se popularizó, y aunque ellos preferían llamarse "Amigos", el apodo perduró.

Persecución y resistencia

Los cuáqueros no tardaron en ser considerados peligrosos. Se negaban a pagar diezmos, a saludar con títulos a las autoridades, a quitarse el sombrero ante un noble, o a jurar ante un tribunal —todo esto por fidelidad al evangelio.

También rechazaban el uso de la violencia y la guerra, aún en tiempos de conflicto civil.

Esto les trajo numerosas persecuciones. Miles fueron encarcelados en Inglaterra, incluyendo al mismo George Fox. Pero no se rebelaban, ni armaban ejércitos, ni escondían odio. Respondían con firmeza, paciencia y una profunda fe en el poder de la verdad.

Uno de los escritores cuáqueros más famosos, William Penn, también fue arrestado. Pero años más tarde fundaría la colonia de Pensilvania en América, como un refugio para todos los que buscaban libertad religiosa.

De Inglaterra a América: buscando libertad

En busca de libertad religiosa, muchos cuáqueros emigraron a las colonias americanas. Uno de ellos, William Penn, obtuvo del rey Carlos II la concesión de una gran extensión de tierra al oeste del río Delaware. Allí fundó en 1681 la colonia de Pensilvania, con la promesa de libertad de conciencia para todos.

Bajo su liderazgo, Pensilvania se convirtió en un refugio para perseguidos, una tierra de paz, donde no se construyeron fortalezas militares, se firmaron tratados justos con los pueblos indígenas, y donde católicos, protestantes y judíos podían convivir.

La visión cuáquera floreció en América, y desde allí se expandió a otras regiones.

Sus comunidades eran pequeñas pero ejemplares: defendían la igualdad entre hombres y mujeres, se oponían a la esclavitud, promovían la educación universal, y practicaban la simplicidad de vida.

No celebraban festividades religiosas ni creían en sacramentos rituales. Para ellos, la verdadera adoración era obedecer a Dios en cada acto de la vida.

Principios cuáqueros

A lo largo de los siglos, los Amigos desarrollaron valores que resumen su espiritualidad:

1. Simplicidad – Vivir sin ostentación, con lo esencial.
2. Paz – Rechazo total a la violencia en todas sus formas.
3. Integridad – Decir la verdad sin juramentos.

4. Igualdad – Todos los seres humanos son iguales ante Dios.

5. Comunidad – La vida cristiana se vive juntos, en honestidad y apoyo mutuo.

6. Silencio expectante – Reuniones sin liturgia, esperando que el Espíritu hable.

Estos principios, resumidos en el acrónimo SPICE (por sus siglas en inglés), han guiado a generaciones de Amigos.

Cuáqueros y la justicia social

Los cuáqueros han tenido un impacto desproporcionadamente grande en los movimientos sociales:

- Abolición de la esclavitud: fueron de los primeros cristianos en denunciarla abiertamente.

- Derechos civiles: apoyaron movimientos por la justicia racial en EE. UU.

- Desarme y objeción de conciencia: muchos rehusaron ir a la guerra, incluso ante presiones estatales.

- Educación y reforma penitenciaria: promovieron escuelas para niñas, prisiones humanas y hospitales comunitarios.

Fueron pioneros del pacifismo activo mucho antes de que eso fuera popular. En el siglo XX, algunos trabajaron con Gandhi, otros marcharon por los derechos civiles junto a Martin Luther King Jr., y muchos participaron en labores humanitarias durante las guerras mundiales.

Diversidad interna

Con el paso del tiempo, los cuáqueros se dividieron en ramas, desde las más tradicionales hasta las más liberales:

- Cuáqueros evangélicos: presentes en África y América Latina, mantienen una cristología bíblica y predicación activa.

- Cuáqueros conservadores: conservan el culto en silencio y los valores originales.

- Cuáqueros liberales: presentes en Europa y Norteamérica, algunos se han alejado de la teología cristiana clásica, enfatizando valores universales y espiritualidad individual.

A pesar de estas diferencias, todos los grupos mantienen un profundo compromiso con la paz, la integridad, y la experiencia interior de Dios.

Cuáqueros hoy

En la actualidad, existen aproximadamente de 400,000 a 500,000 cuáqueros en el mundo. Las mayores comunidades están en:

- Kenia, donde el movimiento creció con fuerza misionera.

- Estados Unidos, especialmente en Pensilvania, Ohio e Indiana.

- América Latina, con presencia activa en Bolivia, Guatemala, El Salvador, Honduras y Perú.

- Europa, con comunidades en Inglaterra, Países Bajos y Alemania.

Aunque en muchas regiones son numéricamente pequeños, su influencia ética, educativa y social es reconocida globalmente.

Los cuáqueros nacieron en tiempos de guerra, pero eligieron la paz. Cuando la religión se llenaba de pompa y estructuras, ellos optaron por el silencio, la humildad y la obediencia interior.

No construyeron templos grandiosos, ni formularon credos complejos. Construyeron escuelas, comunidades, hospitales y conciencias libres. Su legado no se mide en edificios, sino en vidas transformadas.

Y aunque han temblado ante la Palabra, nunca han temido defender la justicia, la igualdad y el amor de Dios para todos.

La Iglesia Metodista

Un avivamiento que cruzó océanos

A mediados del siglo XVIII, en medio de las estructuras rígidas de la Iglesia de Inglaterra, una nueva chispa comenzó a encenderse. Nació como un movimiento dentro del anglicanismo, liderado por un grupo de estudiantes que no querían fundar una nueva iglesia, sino vivir una fe más profunda, más bíblica, más disciplinada.

Lo que comenzó como una reunión devocional universitaria pronto se convertiría en un avivamiento nacional, y luego internacional, que cambiaría el rostro del protestantismo. Así nació el metodismo: no como una reforma doctrinal, sino como una renovación espiritual con efectos duraderos.

En el año 1729, en la prestigiosa Universidad de Oxford, un grupo de jóvenes se reunía con regularidad para orar, estudiar las Escrituras, ayunar, y visitar enfermos y prisioneros. Eran metódicos, organizados, disciplinados. Pronto, sus compañeros comenzaron a llamarlos, con burla: "metodistas".

Entre ellos destacaban tres nombres que marcarían la historia:

- John Wesley (1703–1791): el líder carismático, organizador y predicador incansable.

- Charles Wesley (1707-1788): su hermano menor, poeta y compositor de himnos espirituales.

- George Whitefield (1714-1770): orador brillante, precursor del evangelismo al aire libre.

Este pequeño grupo fue conocido como el Holy Club ("Club Santo"). Su motivación era una fe que se manifestara en acción, devoción y transformación personal. No buscaban separarse de la Iglesia anglicana, pero sí redescubrir su alma.

El despertar espiritual

A pesar de su religiosidad, John Wesley pasó años sintiéndose espiritualmente vacío. Fue ordenado como sacerdote anglicano, y hasta viajó como misionero a Georgia (en América), pero regresó frustrado. No fue hasta el 24 de mayo de 1738, en una pequeña reunión en Aldersgate Street, Londres, donde escuchó un pasaje del comentario de Lutero sobre Romanos, que experimentó una transformación interior. Ese día escribió:

> *"Sentí mi corazón extrañamente caldeado. Sentí que confiaba en Cristo, solo en Cristo para la salvación."*

Aquel momento fue el verdadero nacimiento de su ministerio. A partir de entonces, John Wesley predicó por toda Inglaterra, en campos abiertos, calles, minas, plazas... llegando a personas que no pisaban las iglesias.

Evangelismo al aire libre y clases metodistas

Ante la resistencia de muchos párrocos, los metodistas comenzaron a predicar fuera de los templos. Whitefield fue pionero en esta práctica, y Wesley la adoptó con firmeza.

El movimiento creció rápidamente entre la clase trabajadora, los mineros, los campesinos, personas excluidas del cristianismo institucional. Para cuidar el crecimiento espiritual, Wesley organizó "sociedades", divididas en clases, grupos pequeños donde los creyentes se reunían semanalmente para orar, estudiar y rendir cuentas de su vida espiritual.

Era una estructura viva, participativa y fraternal, donde el énfasis estaba en la santidad práctica.

Doctrinas y énfasis metodistas

Aunque no rompió formalmente con la Iglesia anglicana, Wesley desarrolló un cuerpo doctrinal y espiritual propio, centrado en:

- La gracia preveniente: Dios actúa antes de que el ser humano responda.

- La justificación por la fe: siguiendo la línea protestante clásica.

- La santificación: insistencia en la perfección cristiana, es decir, vivir libres del dominio del pecado por amor.

- Libre albedrío: en contraste con el calvinismo, Wesley afirmaba que el ser humano puede aceptar o rechazar la gracia.

- Ética práctica: compasión, justicia, compromiso con los pobres.

¿Cuándo se convierte en una iglesia?

El metodismo fue inicialmente un movimiento dentro del anglicanismo, pero las circunstancias forzaron su evolución.

En 1784, en medio de la Revolución Americana, Wesley ordenó ministros para predicar en las colonias estadounidenses —algo que estaba reservado al episcopado— lo cual generó fricciones con la Iglesia de Inglaterra. Este fue un punto de no retorno.

Ese mismo año se organizó oficialmente la Iglesia Metodista Episcopal en los Estados Unidos.

Después de la muerte de Wesley en 1791, el metodismo ya se había establecido como una denominación separada, aunque fiel al espíritu anglicano.

Expansión global

El metodismo se expandió rápidamente:

- En Estados Unidos, creció explosivamente durante los avivamientos del siglo XIX.

- En América Latina, llegó por medio de misioneros metodistas, especialmente desde mediados del siglo XIX.

- En África, Asia y el Caribe, se establecieron iglesias metodistas a través del esfuerzo misionero.

El himnario metodista, con más de 6,000 himnos escritos por Charles Wesley, ayudó a difundir sus enseñanzas con música vibrante, profunda y accesible.

Posiciones sociales

El metodismo, desde sus inicios, tuvo un profundo compromiso con:

- La abolición de la esclavitud

- La alfabetización y educación popular

- La reforma carcelaria

- La lucha contra el alcoholismo (templanza)

Fue una fe profundamente evangelística y social al

mismo tiempo, influenciando no solo a la Iglesia, sino también a la cultura y la política en muchos países.

Divisiones y ramas

Con el tiempo, el metodismo dio lugar a diversas ramas, como:

- Iglesia Metodista Episcopal
- Iglesia Metodista Libre
- Iglesia Metodista Wesleyana
- Iglesia del Nazareno (una derivación centrada en la santidad)
- Iglesia Metodista Unida (fusión de varias ramas en EE. UU.)

A pesar de sus diferencias, la mayoría de estas iglesias conservan el legado de Wesley: una fe activa, organizada, evangelizadora y centrada en la gracia transformadora de Dios.

El metodismo no nació como una protesta contra una doctrina, sino como un despertar espiritual dentro de la Iglesia establecida. John Wesley no buscaba crear una nueva iglesia, sino encender una pasión santa en los corazones dormidos por la rutina religiosa.

Y, sin embargo, el movimiento creció, cruzó océanos, rompió muros sociales y transformó millones de vidas con su mensaje de gracia, disciplina y santidad.

Más que una denominación, el metodismo fue un avivamiento con estructura, una renovación del alma cristiana que aún hoy, siglos después, sigue cantando himnos, predicando en plazas, y buscando "propagar la santidad por toda la tierra".

Movimientos modernos (s. XIX–XX)

Iglesia Adventista y la Iglesia Adventista del Séptimo Día

Aunque surgen a mediados del siglo XIX, sus raíces se remontan a un contexto espiritual protestante del siglo XVIII. Enfatizan la pronta venida de Cristo, la observancia del sábado y una vida sana. Aunque se desarrollarán plenamente más adelante, representan una nueva forma de cristianismo evangélico.

El origen del adventismo: esperanza, profecía y el retorno de Cristo: Estados Unidos, siglo XIX

En el convulso siglo XIX, un período marcado por avivamientos religiosos, revolución industrial y transformación social, surgió en los Estados Unidos un movimiento cristiano profundamente enfocado en la segunda venida de Cristo. Este movimiento, conocido posteriormente como adventismo, nació de la expectativa apocalíptica, la interpretación profética y el anhelo de renovación espiritual.

Contexto: el Segundo Gran Despertar

Durante el Segundo Gran Despertar (1790–1840), una oleada de fervor religioso recorrió Estados Unidos, especialmente las zonas rurales. Este avivamiento promovía la conversión personal, el estudio bíblico intenso y una moral estricta. En ese contexto, varios grupos comenzaron a escudriñar las Escrituras en busca de señales del fin del mundo.

Uno de estos estudiosos fue William Miller (1782–1849), un veterano de la guerra de 1812 y agricultor del estado de Nueva York, quien era miembro de la iglesia Bautista . Profundamente convencido de la veracidad de la Biblia, Miller se dedicó a estudiar el libro de Daniel, especialmente el versículo de Daniel 8:14, que menciona: "Hasta dos mil trescientas tardes y mañanas; luego el santuario será purificado."

Miller concluyó que esa profecía predecía el regreso de Cristo y el fin del mundo alrededor del año 1843. Más tarde, la fecha se precisó como el 22 de octubre de 1844.

El Gran Chasco (1844)

A medida que se acercaba la fecha, miles de personas — conocidos como milleritas— abandonaron sus trabajos, vendieron sus propiedades y se prepararon para el retorno inminente de Jesús. Cuando la fecha pasó y Cristo no regresó, el movimiento experimentó una profunda crisis espiritual conocida como "el Gran Chasco". Muchos abandonaron la fe, pero otros creyeron que la fecha era correcta, pero que el evento había sido mal interpretado.

Fundación de la Iglesia Adventista del Séptimo Día

De los restos del movimiento millerita surgieron varios grupos. Uno de ellos, bajo la influencia de nuevos líderes como James White, Joseph Bates y especialmente Ellen G. White (1827-1915), comenzó a organizarse con nuevas doctrinas.

Ellen White, quien afirmó haber recibido visiones proféticas desde la adolescencia, fue una figura central en el desarrollo doctrinal del grupo. Bajo su liderazgo se promovieron varias enseñanzas distintivas:

- La observancia del sábado (el séptimo día de la semana) como día de reposo bíblico.

- La interpretación de que en 1844 Cristo entró en la fase final de su ministerio celestial, conocida como el juicio investigador.

- Énfasis en un estilo de vida saludable, educación y preparación para el retorno de Cristo.

- Autoridad profética de las visiones de Ellen G. White (aunque subordinadas a la Biblia).

En 1863, el movimiento se organizó formalmente como la Iglesia Adventista del Séptimo Día, con sede en Battle Creek, Michigan.

Resumen histórico del adventismo:

- Lugar de origen: Estados Unidos (Nueva York y Nueva Inglaterra).

- 1844: El Gran Chasco.

- 1863: Fundación oficial de la Iglesia Adventista del Séptimo Día.

Fundadores principales:

- William Miller (precursor).

- Ellen G. White, James White, Joseph Bates (organizadores del movimiento post-1844).

Creencias clave:

- Segunda venida inminente de Cristo.

- Sábado como día de reposo.

- Juicio investigador.

- Autoridad profética de Ellen G. White.

Hoy, la Iglesia Adventista del Séptimo Día tiene millones de miembros en todo el mundo, con fuerte presencia en América Latina, África y Asia, y es conocida por su red de hospitales, universidades y su compromiso con la salud y la educación.

Testigos de Jehová

Estados Unidos, finales del siglo XIX

En medio de un entorno caracterizado por el resurgimiento espiritual y el cuestionamiento de las doctrinas tradicionales, emergió un movimiento que proponía una reinterpretación radical de las creencias cristianas históricas. Los Testigos de Jehová surgieron en el seno del protestantismo estadounidense, pero pronto se apartaron de sus estructuras y teologías para construir un cuerpo doctrinal propio.

Charles Taze Russell y el estudio profético

El origen de este movimiento se remonta a la figura de Charles Taze Russell (1852–1916), un joven comerciante de Pensilvania. En su juventud, Russell quedó profundamente inquieto por las enseñanzas sobre el infierno eterno y la Trinidad, lo que lo llevó a iniciar estudios bíblicos intensivos por su cuenta y junto a pequeños grupos de estudio. En 1870, a la edad de 18 años, fundó un grupo conocido como los Estudiantes de la Biblia.

Russell estaba particularmente interesado en la profecía bíblica, especialmente en el libro de Daniel y Apocalipsis, y adoptó una lectura cronológica que le llevó a predecir el regreso invisible de Cristo para el año 1874, más tarde ajustado a 1914, fecha que en adelante cobraría una importancia central en la doctrina del grupo (basada en la interpretación de Daniel 4:16, 23-25 y Lucas 21:24).

La Torre del Vigía

En 1879, Russell comenzó a publicar una revista titulada Zion's Watch Tower and Herald of Christ's Presence (La Atalaya de Sion y Heraldo de la Presencia de Cristo), que más tarde se convertiría en la conocida revista La Atalaya, aún vigente hoy en múltiples idiomas. A través de ella, difundió sus ideas sobre la interpretación literal de la Biblia, el rechazo del infierno como tormento eterno (Eclesiastés 9:5; Ezequiel 18:4), y la creencia en un Reino de Dios literal que gobernará la tierra (Daniel 2:44; Mateo 6:10).

En 1881 fundó la Sociedad Watch Tower Bible and Tract Society, que se convertiría en el órgano oficial del movimiento.

La reorganización bajo Rutherford

Tras la muerte de Russell en 1916, el liderazgo fue asumido por Joseph Franklin Rutherford (1869-1942), quien reestructuró el movimiento y consolidó su autoridad organizativa. Fue él quien en 1931 introdujo oficialmente el nombre Testigos de Jehová, basándose en Isaías 43:10:

> *"Vosotros sois mis testigos —declara Jehová—, y mi siervo a quien he escogido".*

Este pasaje fue fundamental para establecer la identidad del grupo como portador del mensaje de Dios en los tiempos modernos. Rutherford también intensificó el proselitismo puerta a puerta (Hechos 20:20; Mateo 28:19-20), estableció estructuras jerárquicas centralizadas y prohibió la participación en política, el servicio militar (Isaías 2:4), y el uso de símbolos nacionales (Juan 17:16).

Expansión global

A partir del siglo XX, los Testigos de Jehová crecieron rápidamente a nivel internacional. Rechazan celebraciones como la Navidad y los cumpleaños, que consideran de origen pagano (no hay evidencia de que los primeros cristianos celebraran estos eventos y citan pasajes como Mateo 14:6-10 para justificar su rechazo a los cumpleaños). Además, niegan la doctrina de la Trinidad, considerando que Dios es una sola persona, Jehová (Deuteronomio 6:4), y que Jesús es su Hijo, creado y subordinado (Colosenses 1:15; Juan 14:28).

Una de sus creencias más controvertidas es la negativa a aceptar transfusiones de sangre, basada en pasajes como Hechos 15:28-29 y Levítico 17:10-12, donde interpretan que "abstenerse de sangre" aplica literalmente.

Hoy son conocidos por su predicación activa, sus revistas La Atalaya y Despertad, y su sede mundial en Warwick, Nueva York. Su organización continúa siendo dirigida por un cuerpo gobernante con sede en Estados Unidos.

Resumen histórico de los Testigos de Jehová:

- Lugar de origen: Estados Unidos (Pensilvania).
- 1870: Fundación del grupo de Estudiantes de la Biblia por Charles Taze Russell.
- 1879: Publicación de La Atalaya.
- 1881: Fundación de la Sociedad Watch Tower.
- 1931: Adopción del nombre "Testigos de Jehová".
- Charles Taze Russell (fundador original).
- Joseph F. Rutherford (organizador y nombrador del movimiento).
- Nombre Divino "Jehová": Isaías 43:10
- Neutralidad política y militar: Juan 17:16, Isaías 2:4
- Rechazo del infierno eterno: Eclesiastés 9:5, Ezequiel

18:4
- Gobierno del Reino de Dios: Daniel 2:44, Mateo 6:10
- Predicación activa: Mateo 28:19-20, Hechos 20:20
- Prohibición de sangre: Hechos 15:28-29, Levítico 17:10-12
- Cristo subordinado a Dios: Juan 14:28, Colosenses 1:15

La Iglesia de Jesucristo de los Santos de los Últimos Días

A inicios del siglo XIX, en las tierras fértiles y agitadas del noreste de Estados Unidos, el cristianismo vivía una ebullición sin precedentes. El llamado "Segundo Gran Despertar" agitaba los corazones de miles, especialmente en la región de Nueva York, conocida por entonces como el "Burned-over District", un territorio incendiado por el fervor religioso. Fue en este contexto, en la pequeña localidad de Palmyra, donde en 1820 un adolescente llamado Joseph Smith aseguró haber vivido una experiencia que cambiaría el rumbo de millones de vidas.

Según relató más tarde, a la edad de 14 años, Joseph se retiró a un bosque cercano para orar, buscando guía espiritual en medio de la confusión doctrinal de su entorno. Allí, según él, tuvo una visión del Padre y del Hijo, quienes le habrían dicho que ninguna de las iglesias existentes era la verdadera. Esta experiencia se conoce entre los fieles como la Primera Visión, y es el pilar sobre el que se edifica la historia de la Iglesia de Jesucristo de los Santos de los Últimos Días.

Años después, el 21 de septiembre de 1823, Smith narró una segunda visita sobrenatural. Esta vez, el mensajero fue un ángel llamado Moroni, quien le reveló la existencia de unas planchas de oro enterradas en el cerro Cumorah. Estas planchas contendrían una historia antigua de los habitantes de América y su relación con Dios, según la revelación.

En 1827, Joseph Smith afirmó haber recibido las planchas, y junto a su esposa Emma Hale, comenzó la traducción del texto con la ayuda de diferentes escribas, entre ellos Oliver Cowdery y Martin Harris. El resultado fue el Libro de Mormón, publicado en 1830. Esta obra presentaba un relato sobre antiguas civilizaciones americanas que habrían sido visitadas por Jesucristo después de su resurrección. Los nombres de los pueblos —nefitas, lamanitas, jareditas— y los profetas que los guiaban eran desconocidos hasta entonces, lo que despertó tanto fervor como escepticismo.

Ese mismo año, el 6 de abril de 1830, se organizó formalmente La Iglesia de Cristo, que más tarde adoptaría su nombre actual: La Iglesia de Jesucristo de los Santos de los Últimos Días.

El profeta y el pueblo perseguido

Desde el comienzo, los mormones —como fueron llamados popularmente— enfrentaron oposición. La doctrina del nuevo movimiento, sus reclamos de restauración profética, y su rápida expansión encendieron las alarmas del protestantismo dominante.

Las primeras comunidades se establecieron en Kirtland, Ohio, e Independence, Misuri, lugares que según Smith tenían significado profético y escatológico. Pero los conflictos con pobladores locales, sumados a tensiones raciales y políticas, llevaron a sangrientos choques. En Misuri, en 1838, el gobernador Lilburn Boggs firmó una orden de exterminio contra los mormones. Así de radical fue el antagonismo.

Forzados a huir, el grupo se refugió en Nauvoo, Illinois, donde levantaron una ciudad modelo, con su propio templo, imprenta y gobierno local. Fue allí donde Joseph Smith consolidó su rol no solo como profeta, sino como líder político y militar.

Sin embargo, las tensiones volvieron a crecer, especialmente por prácticas doctrinales como el sellamiento eterno (que en la práctica incluyó la poligamia secreta entre líderes), y el surgimiento de doctrinas como el bautismo por los muertos. En 1844, Joseph Smith y su hermano Hyrum fueron arrestados y encarcelados en Carthage, Illinois. Una turba armada irrumpió en la cárcel y los asesinó.

La muerte de Smith marcó un punto de quiebre. Algunos seguidores se dispersaron, pero la mayoría siguió a Brigham Young, segundo gran líder del movimiento.

El éxodo hacia el desierto

Young organizó uno de los movimientos migratorios religiosos más significativos de la historia estadounidense. En 1847, tras cruzar las Grandes Llanuras y las Montañas Rocosas, los mormones llegaron al Valle del Lago Salado (actual Utah), entonces aún parte de México. Fundaron allí una sociedad teocrática, autosuficiente, que consideraban el cumplimiento del "nuevo Sion" prometido por Dios.

Salt Lake City se convirtió en el centro del movimiento. Bajo la dirección de Brigham Young, los mormones colonizaron vastas regiones del oeste estadounidense. Construyeron templos, canales, caminos, y desarrollaron una estructura eclesiástica vertical con doce apóstoles, profeta viviente, y una rigurosa organización por barrios y estacas.

Polémicas, persecuciones y reconocimiento

La poligamia, que por décadas fue practicada por parte de los líderes y fieles, desató nuevos conflictos con el gobierno federal. En 1890, el presidente de la Iglesia, Wilford Woodruff, emitió el Manifiesto, abandonando oficialmente la práctica de matrimonios plurales, como paso necesario para la integración del territorio de Utah como estado de la Unión.

Desde entonces, la Iglesia se ha distanciado progresivamente de prácticas extremas, buscando reconocimiento como una fe cristiana restauracionista. Se ha expandido por el mundo, estableciendo más de 17 millones de miembros registrados, templos en decenas de países, y una enorme estructura misionera.

El mormonismo moderno ha mantenido una fuerte ética familiar, un énfasis en la autosuficiencia, y una doctrina basada en escrituras propias: además de la Biblia, el Libro de Mormón, la Perla de Gran Precio y Doctrina y Convenios.

El legado y la controversia

Hoy, la Iglesia de Jesucristo de los Santos de los Últimos Días es uno de los movimientos cristianos más peculiares y poderosos surgidos en suelo americano. Su crecimiento, disciplina y visión profética la convierten en una denominación única en el panorama religioso global.

Sin embargo, no está exenta de controversias: desde la historicidad del Libro de Mormón, hasta sus posturas doctrinales sobre la divinidad, la raza, y la autoridad profética. Su hermetismo institucional y su poder financiero también han generado debates.

Pero al margen de la polémica, es innegable que el sueño de un joven campesino del estado de Nueva York ha perdurado y se ha transformado en una de las grandes narrativas del cristianismo moderno. Un pueblo que, guiado por lo que creen revelaciones divinas, cruzó desiertos y fundó una nueva civilización en medio de las Montañas Rocosas.

Templo de Salt Lake, Utah, EE.UU.

La Ciencia Cristiana (1879)

Orígenes

La Ciencia Cristiana surge en Estados Unidos en el contexto del siglo XIX, un periodo marcado por efervescencia religiosa, movimientos de renovación espiritual y búsqueda de alternativas a la medicina tradicional. En este clima nació la figura de Mary Baker Eddy (1821-1910), una mujer profundamente religiosa, que enfrentó diversas enfermedades a lo largo de su vida y encontró alivio no en tratamientos médicos, sino en la lectura de los evangelios.

En 1866, tras un accidente que la dejó en estado crítico, Eddy afirmó haber experimentado una curación milagrosa al leer un pasaje de la Biblia, en particular los relatos de sanación de Jesús. A partir de esta experiencia, comenzó a desarrollar un sistema de pensamiento que fusionaba el cristianismo con un enfoque espiritual de la salud, la mente y la materia.

En 1875 publicó su obra fundamental: "Science and Health with Key to the Scriptures" (Ciencia y salud con la clave de las Escrituras), en la que formuló sus doctrinas sobre la curación espiritual, la irrealidad del mal y la naturaleza divina del ser humano. Cuatro años después, en 1879, fundó oficialmente La Iglesia de Cristo, Científico, conocida como la Ciencia Cristiana.

Creencias principales

Aunque el libro evita interpretaciones doctrinales, es importante mencionar que la Ciencia Cristiana:

- Rechaza la realidad objetiva de la enfermedad, considerándola una ilusión mental

- Enseña que la comprensión espiritual de Dios sana el cuerpo

- Subraya la importancia del pensamiento positivo y la oración como herramientas terapéuticas

- Este enfoque se aleja tanto del cristianismo tradicional como de la medicina convencional, lo que ha generado controversias, especialmente en temas de salud pública y tratamientos médicos infantiles.

Personajes clave

- Mary Baker Eddy: Fundadora, autora y figura central del movimiento. Considerada una de las mujeres religiosas más influyentes de Estados Unidos en el siglo XIX.

- Calvin Frye: secretario personal y defensor del legado de Eddy.

- Augusta Emma Stetson: Líder prominente en Nueva York, posteriormente excomulgada por diferencias internas.

Expansión y legado

La Ciencia Cristiana tuvo una expansión significativa a principios del siglo XX, con miles de seguidores y la apertura de iglesias en Estados Unidos, Europa y otras regiones. Su sede central se encuentra en Boston, Massachusetts, donde se publica el periódico The Christian Science Monitor, fundado en 1908, reconocido por su enfoque serio y ético en el periodismo.

Aunque el número de fieles ha disminuido en las últimas décadas, el impacto histórico de la Ciencia Cristiana como movimiento espiritual innovador y su influencia en la relación entre fe y salud siguen siendo objeto de estudio.

Pentecostalismo y carismatismo

El despertar del Espíritu Santo

El siglo XX fue testigo de uno de los movimientos más explosivos y globales en la historia del cristianismo: el pentecostalismo, seguido unas décadas después por el carismatismo. Ambos surgieron como una renovación espiritual centrada en la experiencia personal del Espíritu Santo, con énfasis en los dones carismáticos, como el hablar en lenguas, la sanidad divina, la profecía y los milagros.

Estas corrientes no surgieron como divisiones doctrinales con estructuras rígidas, sino como movimientos de renovación dentro y fuera de las iglesias tradicionales, lo que facilitó su rápida expansión en contextos tan diversos como América Latina, África, Asia y el mundo anglosajón.

Orígenes del Pentecostalismo

El pentecostalismo moderno tiene sus raíces en el movimiento de santidad metodista del siglo XIX en Estados Unidos, pero su surgimiento como corriente diferenciada comenzó a inicios del siglo XX. Un momento clave fue:

- 1901, Topeka, Kansas: El predicador Charles Fox Parham enseñó que el "hablar en lenguas" (glosolalia) era la evidencia inicial del bautismo en el Espíritu Santo.

- 1906, Los Ángeles, California: El Avivamiento de la Calle Azusa, liderado por William J. Seymour, un predicador afroamericano, fue el punto de partida de la propagación mundial del pentecostalismo.

Este avivamiento, caracterizado por cultos vibrantes,

oraciones emotivas, testimonios de sanidades y un mensaje de unidad racial y espiritual, atrajo a miles de personas de todo el país y el mundo.

El Avivamiento de la Calle Azusa (1906–1915)

La chispa que encendió el fuego global del pentecostalismo

En la primavera de 1906, un modesto edificio de madera en el número 312 de la Calle Azusa, en un vecindario marginal de Los Ángeles, California, se convirtió en el epicentro de uno de los despertares espirituales más influyentes del cristianismo moderno. Aquel lugar, una antigua iglesia metodista abandonada y reconvertida en una misión, dio origen a un fenómeno religioso de proporciones globales: el pentecostalismo moderno.

William J. Seymour: el líder inesperado

El rostro visible de este avivamiento fue el predicador afroamericano William J. Seymour, hijo de esclavos liberados y profundamente influenciado por la teología del Movimiento de Santidad. Educado por Charles Parham en Houston, aunque desde fuera del aula por su color de piel —según las leyes de segregación racial vigentes—, Seymour adoptó la enseñanza de que el "bautismo en el Espíritu Santo" debía ir acompañado del hablar en lenguas (glosolalia) como evidencia inicial.

En 1906, Seymour fue invitado a predicar en Los Ángeles. Su mensaje fue tan disruptivo que fue expulsado de la iglesia metodista que lo había invitado. Sin embargo, esto no detuvo la obra que pronto se desencadenaría.

Los inicios: de una casa a un avivamiento

Seymour y un pequeño grupo comenzaron a reunirse para orar en una casa en la Calle Bonnie Brae. El 9 de abril de 1906, durante una de estas reuniones, una mujer llamada Jennie Evans Moore (quien luego se convertiría en la esposa de Seymour) comenzó a hablar en lenguas. Esto fue interpretado como la manifestación del Espíritu Santo, confirmando las enseñanzas de Seymour. En pocos días, la casa quedó desbordada de personas que acudían atraídas por los testimonios de sanidades, lenguas y milagros.

Para albergar a la creciente multitud, el grupo se trasladó al edificio de la Calle Azusa, que pasó a llamarse "Apostolic Faith Mission".

Un culto sin guion ni distinción

Los cultos en la Calle Azusa eran impredecibles, fervorosos y profundamente emocionales. No había programa oficial. Cualquiera podía ponerse en pie, testificar, orar o predicar, sin importar su raza, género o estatus social. En una época profundamente marcada por el racismo, la segregación y la discriminación, el avivamiento de Azusa se convirtió en un símbolo radical de unidad espiritual.

Seymour predicaba con frecuencia desde una sencilla caja de madera vacía. A menudo pasaba horas en oración con el rostro entre las manos, mientras el salón vibraba con cánticos, llantos, oraciones en lenguas y repentinas manifestaciones que los asistentes atribuían al poder del Espíritu Santo.

Un fenómeno imparable

La noticia del avivamiento se esparció rápidamente. Pronto, líderes religiosos de todo Estados Unidos —e incluso de Europa, India, África y América Latina— comenzaron a visitar la misión. Algunos se convirtieron en entusiastas propagadores del mensaje pentecostal en sus países de origen. La publicación periódica de la revista "The Apostolic Faith", distribuida gratuitamente, también ayudó a difundir las experiencias vividas en Azusa.

Este movimiento inspiró la creación de numerosas denominaciones pentecostales y fue la semilla de una revolución religiosa que alcanzaría a millones de personas en el siglo XX.

Críticas y declive

No todo fue aceptación. Líderes cristianos de iglesias tradicionales criticaron el avivamiento, calificándolo de emocionalismo descontrolado, fanatismo o herejía. Incluso Charles Parham, maestro de Seymour, se alejó del movimiento por su rechazo a la mezcla racial y a la espontaneidad de los cultos.

A pesar del declive natural del fervor inicial hacia 1915, la influencia del Avivamiento de la Calle Azusa ya era imparable. De aquel pequeño edificio surgieron denominaciones enteras, como las Asambleas de Dios, la Iglesia de Dios en Cristo, la Iglesia Pentecostal Unida, y muchas más.

Legado del Avivamiento de Azusa

- Globalización del pentecostalismo: Desde Los Ángeles, el movimiento se expandió a los cinco continentes.

- Diversidad e inclusión: Fue uno de los primeros movimientos religiosos masivos en los EE. UU. que rompió barreras raciales, sociales y de género.

- Énfasis en la experiencia personal con Dios: El Espíritu Santo dejó de ser una doctrina y se convirtió en una vivencia cotidiana para millones.

- Modelo de culto libre y espontáneo: Que influyó no solo en pentecostales, sino también en evangélicos y carismáticos.

Características del Pentecostalismo

- Bautismo en el Espíritu Santo como experiencia posterior a la conversión.
- Dones espirituales (1 Corintios 12): lenguas, interpretación, sanidades, profecías, etc.
- Culto libre y expresivo, con música enérgica y oración espontánea.
- Expectativa del regreso inminente de Cristo.
- Evangelización intensa y plantación de iglesias.

Expansión global

El pentecostalismo se convirtió en una de las formas de cristianismo de más rápido crecimiento del siglo XX. Hoy en día, existen cientos de millones de pentecostales en todo el mundo, especialmente en:

- América Latina (Brasil, México, Colombia, Argentina, Republica Dominicana)
- África subsahariana (Nigeria, Ghana, Sudáfrica)
- Asia (Filipinas, Corea del Sur, India)
- Las principales denominaciones incluyen:
- Asambleas de Dios (fundada en 1914 en EE. UU.)
- Iglesia de Dios (Church of God) – Cleveland, Tennessee
- Pentecostales Unidos (con teología unicitaria)
- Iglesias pentecostales nacionales e independientes en todo el mundo

Movimiento carismático (Carismatismo)

A partir de la década de 1960, el pentecostalismo se infiltró en iglesias históricas tradicionales como las católicas, anglicanas y protestantes principales. A esta ola se le llamó movimiento carismático.

Diferencias con el pentecostalismo clásico:

- No siempre forman nuevas iglesias: operan dentro de estructuras existentes.

- Enfatizan los dones espirituales sin requerir separación denominacional.

- Tienen presencia importante en el catolicismo carismático, especialmente en Latinoamérica, India y Filipinas.

Impacto del pentecostalismo y carismatismo

- Transformación de la liturgia: introducción de alabanzas contemporáneas, danzas, música moderna.

- Empoderamiento laico: muchos fieles sin formación teológica asumen liderazgo.

- Influencia en la política y cultura en países con fuerte presencia evangélica.

- Renovación misionera, con enfoque en milagros, liberación espiritual y sanidad.

*Edificio de la **mision de fe apostolica** ubicado en en el 312 de la calle Azusa, hoy considerado la cuna del pentecostalismo. (Imagen de dominio publico).*

*Fotografia de **William Joseph Seymour,** considerado como el fundador del pentecostalismo. (Imagen de dominio publico).*

Neopentecostalismo: La era de los milagros mediáticos y la prosperidad

A partir de la segunda mitad del siglo XX, surgió un fenómeno religioso que transformaría profundamente la imagen del cristianismo evangélico en todo el mundo: el neopentecostalismo. Aunque es heredero directo del pentecostalismo clásico surgido en Azusa, el neopentecostalismo representa un nuevo enfoque, más contemporáneo, adaptado al lenguaje de las masas, con una teología centrada en el poder espiritual, los milagros, la guerra espiritual y la prosperidad material.

Este movimiento no se limitó a una región específica: floreció simultáneamente en América Latina, África, Estados Unidos, Asia y Europa del Este. En menos de medio siglo, se convirtió en una de las expresiones más visibles y expansivas del cristianismo global.

De los templos humildes a los mega estadios

Mientras que los primeros pentecostales se reunían en casas o edificios sencillos, los neopentecostales comenzaron a levantar verdaderos imperios religiosos. En muchas ciudades latinoamericanas, africanas y asiáticas, los templos neopentecostales se transformaron en megaproyectos arquitectónicos con capacidad para decenas de miles de personas.

Las campañas de sanidad, los eventos de liberación espiritual y las cruzadas multitudinarias se trasladaron a estadios, teatros y televisión en horario estelar. La religión, sin abandonar su núcleo espiritual, se tornó también espectáculo, producción y empresa.

Evangelio mediático: televisión, radio e internet

Uno de los rasgos definitorios del neopentecostalismo es su uso agresivo y estratégico de los medios de comunicación. A partir de los años 70, predicadores como Jimmy Swaggart, Benny Hinn, Oral Roberts, Kenneth Copeland y T.L. Osborn comenzaron a transmitir servicios religiosos por televisión. Más tarde, con la expansión de Internet y las redes sociales, el neopentecostalismo conquistó YouTube, Facebook, TikTok y otras plataformas.

Muchos de estos líderes construyeron redes de medios propias y se convirtieron en figuras internacionales con millones de seguidores, una influencia política considerable y, en algunos casos, fortunas personales de gran magnitud.

El evangelio de la prosperidad

Una característica fundamental del neopentecostalismo es su adhesión al llamado Evangelio de la Prosperidad. Según esta enseñanza, la fe, las declaraciones positivas, el diezmo generoso y la obediencia al liderazgo espiritual traen salud, riqueza y éxito personal.

El sufrimiento no es visto como parte del crecimiento espiritual, sino como una señal de falta de fe o de maldición. En esta lógica, el creyente se convierte en un "hijo del Rey" que debe vivir con abundancia. El lenguaje de los predicadores está lleno de términos como "romper maldiciones financieras", "desatar bendiciones", "declarar victoria" y "tomar posesión de lo que Dios prometió".

Algunos de los líderes más representativos de esta corriente han sido:

- Kenneth Hagin (EE. UU.) – Considerado uno de los padres del movimiento de fe.
- Creflo Dollar y T.D. Jakes (EE. UU.) – Promotores de una visión empresarial y exitosa del ministerio.
- David Yonggi Cho (Corea del Sur) – Fundador

de la Iglesia Yoido del Evangelio Completo, la congregación más grande del mundo.

- Edir Macedo (Brasil) – Fundador de la Iglesia Universal del Reino de Dios, uno de los movimientos neopentecostales más influyentes de América Latina.

Guerra espiritual: demonios y liberación

Otro rasgo distintivo del neopentecostalismo es su énfasis en la guerra espiritual. Los fieles son llamados a participar activamente en la lucha contra espíritus malignos, maldiciones generacionales y ataduras espirituales que supuestamente impiden su progreso espiritual y material.

Los cultos de liberación se convirtieron en una marca registrada de muchas iglesias neopentecostales, especialmente en América Latina y África. En estas reuniones, los asistentes son invitados a manifestar públicamente posesiones demoníacas y liberaciones espectaculares, en una mezcla de fervor religioso, psicología grupal y teatralidad.

Neopentecostalismo en América Latina y África

En Brasil, el neopentecostalismo adquirió proporciones masivas. Iglesias como la Universal del Reino de Dios o la Iglesia Mundial del Poder de Dios utilizan medios masivos, canales de televisión y hasta partidos políticos para difundir su mensaje. Su teología enfatiza la victoria sobre el mal, el éxito económico y la sanidad divina.

En África, pastores como David Oyedepo (Nigeria) o Shepherd Bushiri (Malaui) dirigen mega iglesias que atraen a multitudes y generan movimientos económicos inmensos. Las promesas de riqueza, empleo, salud y fertilidad se han convertido en un imán espiritual para millones de personas que enfrentan contextos de pobreza y desesperanza.

Críticas internas y externas

El neopentecostalismo no ha estado exento de controversia. Numerosos teólogos, pastores y críticos han señalado:

- Desviaciones bíblicas: por reinterpretar o exagerar promesas del Antiguo Testamento para justificar riquezas materiales.

- Corrupción y escándalos: ligados al uso indebido de donaciones, promesas falsas de sanidad, o enriquecimiento personal de líderes.

- Show religioso: en detrimento de la sobriedad, la humildad y la centralidad de la figura de Cristo.

Aun así, el neopentecostalismo sigue creciendo. Para muchos, representa una esperanza concreta, una fe activa que responde a necesidades inmediatas.

Templo de Salomon, sede principal de la Iglesia de Dios Universal en Sao Paulo, Brasil.

La CIA y la expansión del evangelicalismo en América Latina (1950-1980)

En plena Guerra Fría, agencias de inteligencia y diplomáticos estadounidenses vieron emerger una nueva batalla ideológica en el corazón de Latinoamérica. En 1969 un memorando interno de la CIA advertía que la Iglesia Católica se había vuelto "una de las principales fuerzas para el cambio" en la región, pues varios obispos y sacerdotes progresistas comenzaban a aliarse con causas sociales de los más pobres.

Esa constatación encendió alarmas en Washington: el comunismo parecía ganar aliados en los púlpitos católicos. Según documentos desclasificados, la CIA reaccionó con una estrategia secreta insólita: promovió el crecimiento de iglesias protestantes conservadoras (pentecostales, bautistas, metodistas e independientes) como contrapeso al avance comunista y a la teología de la liberación católica.

Esta mezcla de fe y espionaje se desplegó a lo largo de las décadas de 1960 y 1970. En pueblos remotos de Guatemala, barrios populares de São Paulo y comunidades rurales del Cono Sur, predicadores pentecostales estadounidenses financiados en la sombra reemplazaban poco a poco el mensaje político de los curas izquierdistas por sermones de salvación individual.

El resultado fue un vuelco duradero: en pocos años el mapa religioso latinoamericano cambió drásticamente. Este capítulo relata, de forma narrativa pero basada en fuentes históricas desclasificadas, cómo la agencia de inteligencia estadounidense usó el evangelicalismo como herramienta de influencia en Latinoamérica.

La estrategia secreta de la CIA: impulsando el evangelicalismo

Los archivos divulgados revelan que durante los años 70 la CIA implementó un plan sistemático de "influencia religiosa" en Latinoamérica. El objetivo era claro: contrarrestar la movilización política de la teología de la liberación y frenar la posible radicalización católica. Para ello, la Agencia canalizó apoyo —directo o indirecto— hacia el crecimiento de iglesias protestantes conservadoras.

El financiamiento se canalizó a través de organizaciones y programas civiles supuestamente neutrales (muchos ligados a USAID o a organizaciones de cooperación estadounidense). Por ejemplo, iniciativas de evangelización masiva como los proyectos "Plan Amanecer", "AD 2000" o "Latinoamérica 2000" recibieron fondos sigilosos provenientes de EE.UU. para sostener a pastores pentecostales y bautistas de corte anticomunista.

En la práctica, Washington pretendía crear un contrapoder ideológico: nuevas congregaciones que predicaran la salvación individual y el éxito personal como "milagros de Dios", en lugar de la lucha colectiva por la justicia social.

Los documentos internos enlistan las acciones claves de esta estrategia:

- Financiar y promover iglesias pentecostales conservadoras en zonas populares.

- Contrarrestar movimientos sociales de inspiración marxista mediante prédicas religiosas.

- Desplazar la influencia de la teología de la

liberación católica.

- Fomentar un enfoque de "fe personal" (milagros, prosperidad, moral tradicional) por encima del cambio social.

En suma, la CIA buscaba una suerte de "guerra de evangelios": apoyaba a pastores que enfatizaban la obediencia al orden establecido y la prosperidad divina, socavando así la prédica de curas revolucionarios. Estas iniciativas eran discretas, sin que muchos pastores locales supieran su origen. Los agentes estadounidenses también facilitaron la llegada de misioneros protestantes (y su material didáctico) a países donde antes tenía escasa presencia.

Apoyos encubiertos llegaron hasta alianzas con medios de comunicación evangelísticos (radios y canales de TV) para difundir sermones pentecostales en barriadas marginadas. El resultado fue que, en tan solo una década, el movimiento evangélico latinoamericano registró un crecimiento explosivo. Según datos actuales, en Costa Rica y Panamá los evangélicos ya superan el 50% de la población, y en Guatemala, Brasil o Honduras doblan con creces los porcentajes de hace medio siglo.

La Iglesia de Jesucristo de los Santos de los Ultimos Dias (Mormones) como aliados ideológicos indirectos

Paralelamente a las iglesias pentecostales, la Iglesia de Jesucristo de los Santos de los Últimos Días (mormones) también experimentó un gran auge en Latinoamérica desde mediados del siglo XX. Aunque su expansión fue impulsada por la propia organización religiosa (no por la CIA), la coyuntura geopolítica jugó a su favor.

Utah es sede del mormonismo, y muchos líderes políticos estadounidenses compartían con los mormones una visión conservadora y anticomunista. Los misioneros mormones llegaron en oleadas a países del continente, aprovechando la cercanía cultural con EE.UU. y la demanda de un mensaje espiritual esperanzador entre comunidades pobres.

Para finales del siglo XX, la mitad de los templos mormones mundiales estaban en América Latina y cerca del 38% de sus 16 millones de fieles residían en la región.

Aunque la Iglesia de Jesucristo de los Santos de los Ultimos Dias no actuó como instrumento directo de inteligencia, sus creencias jugaron un rol complementario. La doctrina mormona sostiene que el comunismo es incompatible con la fe mormona (no acepta colectivismo y promueve la iniciativa privada), lo cual resonaba con las metas anticomunistas de la Guerra Fría. Además, los mormones enfatizaban una moral estricta (reprobación al sexo fuera del matrimonio, pro familia numerosa, etc.) que casaba con los valores políticos conservadores estadounidenses.

De hecho, varios gobiernos latinoamericanos apoyados por EE.UU. favorecieron indirectamente el trabajo misionero. Por ejemplo, en Brasil esta Iglesia creció especialmente en barrios urbanos pobres como alternativa comunitaria; en Chile bajo Pinochet permitió extensas obras educativas y de salud patrocinadas por la Iglesia.

Si bien no hay documentos públicos que indiquen financiamiento oficial de la CIA hacia los mormones, la coordinación de intereses era evidente: ambos perseguían contener el avance de la izquierda con un mensaje religioso afín al modelo estadunidense. De esta forma, aunque la sede en Salt Lake City era autónoma, la penetración mormona sirvió como un aliado ideológico más dentro de la estrategia hemisférica anti-comunista.

Casos nacionales destacados

Guatemala: Este país ejemplifica el viraje de la estrategia estadounidense. En 1954 la CIA ya había usado al alto clero católico (el arzobispo José María Rossell Arellano) para derrocar al presidente Árbenz bajo la "Operación PBSUCCESS". Sin embargo, en las décadas siguientes la preocupación cambió: mientras civiles guerrilleros y sacerdotes de liberación ganaban simpatía, Washington se volcó hacia los protestantes. Bajo las dictaduras contrainsurgentes de los 70 y 80, las iglesias pentecostales recibieron protecciones especiales: su predicación conservadora y su énfasis en el orden social les dieron mejores facilidades. Según registros actuales, en unos pocos años los evangélicos llegaron a "superar a la Iglesia Católica" en Guatemala.

Muchos líderes militares veían a los pastores como "aliados silenciosos" que mantenían comunidades rurales fieles al régimen. (Durante la guerra civil guatemalteca, hubo incluso casos documentados de pastores evacuando aldeas indígenas frente a la represión, una táctica de "protección" que fortalecía el lazo Gobierno-evangélicos.) En síntesis, el modelo guatemalteco pasó de un apoyo inicial del catolicismo ortodoxo a la CIA, a un protagonismo oculto del evangelicalismo como sostén popular del orden militar.

Chile: Tras el golpe de Estado de 1973, impulsado en parte por la CIA, se abrió un nuevo panorama. La dictadura de Pinochet favoreció públicamente a las iglesias evangélicas más conservadoras. Por ejemplo, se documentó que el propio Pinochet asistió en diciembre de 1974 a la inauguración del primer gran templo evangélico (un Te Deum pentecostal), lo que marcó el reconocimiento oficial de estos grupos.

Muchos pastores protestantes respaldaron al régimen

anticomunista, considerando a Pinochet un "libertador de Chile del marxismo", y a cambio recibieron libertad para crecer. Así, los cultos pentecostales, anglicanos conservadores e iglesias carismáticas ganaron terreno, especialmente en barrios populares y comunidades mapuches, donde ofrecían redes de apoyo social.

Aunque la CIA no promovió directamente los pentecostales chilenos (su gran prioridad fue el golpe mismo), el nuevo gobierno militar creó el ambiente propicio para que el evangelicalismo se afianzara como voz anti-izquierda en la sociedad.

Brasil: El mayor país católico se convirtió en un laboratorio clave. En 1964 la CIA ayudó a la oligarquía militar a desplazar al presidente João Goulart (acusado de "deriva socialista"). Durante los años de dictadura (1964–1985), Brasil recibió una gran inversión pentecostal. Misiones estadounidenses (como la histórica "Iglesia Bautista" de Dallas o "El de la Asamblea de Dios") enviaron misioneros a todos los rincones: favelas, plantaciones y periferias urbanas.

El crecimiento fue impresionante: el número de iglesias evangélicas pasó de apenas 864 en 1970 a decenas de miles en las siguientes décadas. Para 2010 los evangélicos ya conformaban más del 22% de la población brasileña (frente al 9% de 1990).

Este auge coincidió con campañas televisivas y la aparición de "tele-evangelistas" estilo estadounidense que llenaron canales de predicación en horario estelar. La presión política de los pastores conservadores también creció: grupos como la Fraternidad de la Asamblea de Dios comenzaron a incidir en debates públicos (leyes morales, censura cultural) respaldando la línea del régimen militar.

En la práctica, Estados Unidos veía a Brasil como piedra angular; al infiltrar allí el pentecostalismo, esperaba frenar el sincretismo católico y la guerrilla urbana. En resumen, el caso brasileño muestra cómo el evangelicalismo —alimentado por fondos e ideas externas— se convirtió en fuerza social masiva, "llenando el vacío" religioso que el anti-comunismo dejaba.

Otros países (Colombia, Venezuela, Argentina, etc.) también vivieron procesos similares. Por ejemplo, en los años 70 agencias católicas estadounidenses (y de inteligencia) apoyaron discretamente seminarios de misioneros evangélicos en Perú y Nicaragua. Costa Rica y Panamá, con economías más afines a EE.UU., registraron porcentajes de evangélicos superiores al 50% en décadas recientes, fruto de las oleadas de misioneros neocarismáticos introducidas durante esos años.

En cambio, en Argentina, Uruguay o México la expansión fue más lenta (aunque en pueblos rurales modestos se establecieron congregaciones protestantes puritanas alineadas con la oposición política conservadora).

En cada nación la estrategia tuvo matices locales, pero el patrón común fue aprovechar las estructuras religiosas para minar ideologías revolucionarias.

Reconfiguración del panorama religioso latinoamericano

La campaña hemisférica dejó huellas profundas. A largo plazo, América Latina pasó de ser casi unánimemente católica a un mosaico plural. Según estudios demográficos, en 1910 alrededor del 94% de los latinoamericanos se identificaba como católico y apenas el 1% como protestante. Para 2014 esas cifras habían cambiado drásticamente: cerca del 70% eran católicos y el protestantismo (en su mayoría evangélico) alcanzaba ya el 20%.

Ese viraje ocurrió mayormente a partir de los

1970s, la misma época en que la CIA y agencias afines promovieron al evangelicalismo.

La infiltración evangélica no solo alteró estadísticas religiosas, sino también estructuras de poder social. Las nuevas iglesias protestantes trajeron un modelo organizativo distinto (menos jerárquico que el catolicismo tradicional), con énfasis en experiencias místicas y redes de cooperación laica. Aparecieron miles de pequeños predicadores con discursos centrados en la ética conservadora y el éxito personal. En la política, surgieron corrientes religiosas abiertas: partidos y líderes evangélicos han ganado más protagonismo en las últimas décadas (por ejemplo, legisladores protestantes en Brasil, líderes carismáticos en congresos centroamericanos).

Simultáneamente, la Iglesia católica reaccionó ante estas pérdidas de fieles. Un resultado fue su propio "renacimiento carismático": hoy un 40% de los católicos latinoamericanos se consideran carismáticos (participan de servicios con cantos y expresiones pentecostales). Este fenómeno, impulsado desde los años 70, puede verse como un esfuerzo del catolicismo por recuperar el dinamismo espiritual que sus antiguos curas de base habían estimulado.

En el campo social, la predominancia evangélica ha tendido a enfatizar la "salvación individual" y la prosperidad personal como respuesta a la pobreza, desplazando en parte las reivindicaciones colectivas clásicas de la teología de la liberación. Si bien ambas corrientes (católica progresista y evangélica) se preocupan por los pobres, las protestantes favorecen un camino espiritual sobre la transformación social estructural. Esta reorientación ayudó a debilitar en muchos casos la movilización política de campesinos y obreros: los nuevos pastores ofrecían consuelo y soluciones divinas, evitando que la frustración se canalizara hacia los programas marxistas.

En síntesis, la estrategia de contrainsurgencia espiritual de la CIA ayudó a reconfigurar el mapa religioso latinoamericano: catolicismo por décadas hegemónico fue retado por una explosión pentecostal y mormona. Este traspaso de fieles hacia el evangelicalismo fue un arma blanda de la Guerra Fría tan importante como las intervenciones militares o económicas. Las Iglesias protestantes de hoy, con su papel político y su influencia cultural, son en buena medida producto de aquella estrategia de los 60-80. Como concluye el propio informe de CIA de 1969, "esta estrategia tuvo un impacto duradero, transformando el panorama religioso latinoamericano hasta nuestros días".

La historia de cómo la CIA utilizó el evangelicalismo en América Latina mezcla religión, espionaje y diplomacia en un mismo relato. Comenzó como respuesta a una "amenaza roja" desde el interior de la Iglesia católica y derivó en un auténtico experimento cultural: plantar un evangelio importado en suelos latinoamericanos. Con ello no solo se frenó —al menos en parte— el avance organizado de la izquierda comunista, sino que también se alteró la identidad religiosa de la región. Aquellos pastores pentecostales financiados o inspirados por la CIA difundieron un estilo de fe personalista que, con los años, contribuyó al declive relativo del catolicismo tradicional.

En la actualidad, muchos latinoamericanos profesan religiones protestantes cuya masividad habría sido impensable sin aquel apoyo encubierto. Este fenómeno revela cómo las estrategias de la Guerra Fría penetraron incluso en el terreno de las creencias, reconfigurando para siempre el paisaje espiritual del continente.

Iglesias Independientes y Centros de Restauración

Una fe sin fronteras denominacionales

A medida que el cristianismo avanzaba hacia el final del siglo XX y comenzaba el XXI, emergieron nuevas expresiones religiosas que rompían con los esquemas tradicionales de organización, doctrina y liturgia. En muchas ciudades de América Latina y el mundo, comenzaron a multiplicarse congregaciones que no llevaban nombres denominacionales clásicos como "bautista", "pentecostal" o "presbiteriana", sino nombres simbólicos y teológicamente cargados.

Uno de los más representativos de esta tendencia es el de "Centro de Restauración".

El contexto del surgimiento

Durante las décadas de 1970 a 1990, el pentecostalismo clásico (con sus raíces en el avivamiento de Azusa Street en 1906) ya estaba plenamente establecido en Latinoamérica. Sin embargo, una nueva corriente emergente —el neopentecostalismo— comenzó a crecer rápidamente, trayendo consigo un énfasis renovado en la sanidad interior, la liberación espiritual, la restauración familiar y el empoderamiento personal del creyente.

En este entorno dinámico y cambiante, surgieron muchas iglesias independientes, fundadas por pastores o líderes con un llamado personal, pero sin afiliación directa a denominaciones históricas. Estas iglesias comenzaron a adoptar nombres como "Ministerios Internacionales", "Casa de Restauración", "Ministerio Apostólico", o simplemente, "Centro de Restauración".

¿Qué significa "Restauración"?

El término "restauración" no es solo un nombre atractivo. Tiene una fuerte carga teológica, especialmente dentro de los movimientos carismáticos:

- Implica la restauración del diseño original de Dios para el creyente, la iglesia, la familia o incluso la sociedad.

- Se conecta con interpretaciones de pasajes proféticos (como Joel 2:25 – "Y os restituiré los años que comió la oruga...").

- Es parte de una visión escatológica más optimista, donde la Iglesia debe ser restaurada para cumplir su función apostólica antes del regreso de Cristo.

Esta visión proviene, en parte, del llamado Movimiento de Restauración Apostólica, que sostiene que Dios está restaurando en este tiempo los "cinco ministerios" mencionados en Efesios 4:11: apóstoles, profetas, evangelistas, pastores y maestros.

Características de estas iglesias

Las iglesias que adoptan el nombre "Centro de Restauración" tienen en común una serie de rasgos distintivos, más allá de su nombre:

- No pertenecen a una denominación histórica fija, sino que son iglesias independientes o conectadas a redes apostólicas.

- Son lideradas, muchas veces, por una figura fuerte y carismática, conocida como "apóstol" o "profeta".

- Ponen énfasis en la liberación espiritual, la guerra espiritual, la sanidad del alma, la restauración matrimonial y la prosperidad como bendiciones del Reino de Dios.

- Utilizan un lenguaje moderno, con estructuras flexibles, y suelen tener una presencia fuerte en redes sociales, medios digitales y conferencias.

Una liturgia de poder y experiencia

Los cultos en los Centros de Restauración tienden a ser intensos, prolongados y cargados de emoción, música de alabanza contemporánea, profecía y participación espontánea. En lugar de un orden litúrgico predefinido, se da lugar a lo que se percibe como dirección del Espíritu Santo.

Se promueve la idea de que Dios está obrando en cada culto para restaurar lo que el pecado, el pasado o las circunstancias han dañado.

¿A qué tradición pertenecen?

Aunque pueden parecer una continuación natural del pentecostalismo clásico, los Centros de Restauración se acercan más al movimiento neopentecostal o incluso postdenominacional. Esto significa que:

- No se identifican formalmente como bautistas, pentecostales o metodistas, aunque comparten ciertas doctrinas básicas evangélicas.

- Su énfasis no está tanto en la sistematización doctrinal, sino en la experiencia espiritual, el empoderamiento del creyente y el desarrollo del "ministerio personal".

- A menudo están conectadas con redes internacionales como G12, Ministerios Ebenezer, o con figuras de influencia continental.

Críticas y desafíos

El crecimiento explosivo de estos ministerios ha venido acompañado de críticas dentro del mundo cristiano:

- Se les acusa de un exceso de personalismo, donde el "apóstol" o "profeta" se convierte en el centro de la vida eclesial.

- Algunos ven con preocupación su tendencia a vincular la fe con la prosperidad financiera, el triunfalismo o la dependencia emocional de los fieles.

- A nivel teológico, se les cuestiona por su falta de raíces en la tradición histórica de la Iglesia y por una lectura a veces alegórica o descontextualizada de la Biblia.

Aun así, estas iglesias siguen creciendo, particularmente entre los jóvenes y las clases medias urbanas, gracias a su lenguaje accesible, estilo dinámico y enfoque práctico.

Los Centros de Restauración representan una de las últimas olas del cristianismo evangélico contemporáneo. Su narrativa se entrelaza con la búsqueda de sentido, sanidad y propósito en una era de fracturas familiares, heridas emocionales y desconexión espiritual. Lejos de las catedrales o los concilios, estas comunidades escriben un nuevo capítulo en la historia del cristianismo: uno marcado por la espontaneidad, la multiplicación y la restauración del alma.

Un cristianismo mutante

El neopentecostalismo es la manifestación más reciente de la capacidad del cristianismo para adaptarse, transformarse y expandirse. Desde las catacumbas romanas hasta los estadios modernos, desde el silencio monástico hasta las transmisiones en vivo, el mensaje de Jesús ha recorrido senderos inesperados.

SEXTA PARTE

PERSPECTIVA HISTÓRICA GLOBAL Y DENOMINACIONES DESAPARECIDAS

Los cristianismos olvidados
Denominaciones cristianas que desaparecieron

L a historia del cristianismo no solo se ha forjado en la expansión de la fe, sino también en las luchas internas por definir la verdadera doctrina. Durante los primeros siglos, y a lo largo de la Edad Media, surgieron numerosos movimientos que desafiaron la visión dominante del cristianismo, ya sea a nivel de doctrina, práctica o autoridad. Estos grupos fueron excomulgados, perseguidos y en muchos casos, erradicados.

Estas iglesias no eran menos cristianas para sus miembros. Muchas tenían su propio evangelio, su comprensión de Cristo, y una profunda espiritualidad. Pero su visión no triunfó. Fueron silenciadas, desplazadas o destruidas. Este capítulo es una mirada a esas voces perdidas, a aquellos que también se dijeron cristianos... y desaparecieron.

Los ebionitas: los cristianos que siguieron siendo judíos

Uno de los primeros movimientos considerados heréticos por los cristianos ortodoxos fue el de los ebionitas. Esta secta, que floreció en los primeros siglos del cristianismo, sostenía que Jesucristo era un hombre completamente humano y no divino. Según ellos, Jesús era el Mesías prometido en la tradición judía, pero nunca tuvo una naturaleza divina. Rechazaban la divinidad plena de Cristo, viéndolo como un profeta humano ungido por Dios. Para ellos, Pablo era un traidor a la ley judía, y seguían una versión del evangelio según Mateo en hebreo.

Con el tiempo, la Iglesia los declaró herejes, especialmente por negar el nacimiento virginal y la naturaleza divina de Jesús. Perseguidos tanto por judíos como por cristianos paulinos, los ebionitas desaparecieron hacia el siglo IV, cuando la Iglesia se institucionalizó y se alejaron las raíces judías de la nueva fe imperial.

Los gnósticos: el cristianismo esotérico

En los siglos II y III florecieron múltiples corrientes gnósticas, que mezclaban ideas cristianas con elementos filosóficos grecorromanos y orientales. Su doctrina central era que el mundo material era corrupto y creado por un dios inferior (el demiurgo), mientras que el verdadero Dios era espiritual y lejano.

Los gnósticos creían que Jesús había venido a traer conocimiento secreto (gnosis) para liberar el alma. Su visión era simbólica, mística y profundamente dualista. Algunos de sus evangelios apócrifos —como el Evangelio de Tomás o el de Judas— presentan enseñanzas muy diferentes a las canónicas.

Considerados herejes por figuras como Ireneo de Lyon, los gnósticos fueron combatidos teológica y políticamente. Con la consolidación del canon bíblico y la ortodoxia, su influencia fue anulada. Solo en el siglo XX, con descubrimientos como los manuscritos de Nag Hammadi, su pensamiento volvió a conocerse.

Elquienses o Elcesaitas – Siglo II–III

- Grupo judeocristiano sirio, seguidores de un profeta llamado Elquesai.
- Combinaban elementos cristianos con astrología y prácticas rituales extrañas.
- Fueron considerados heréticos por la ortodoxia naciente y desaparecieron en el siglo IV.

Montanismo – Siglo II

- Fundado por Montano en Frigia, Asia Menor.
- Afirmaban recibir revelaciones directas del Espíritu Santo, incluso más importantes que las Escrituras.
- Enseñaban un ascetismo riguroso y esperaban el fin del mundo de forma inminente.
- Condenados por la Iglesia por su autoritarismo profético y rechazo del orden episcopal.
- Desaparecieron hacia el siglo V, aunque influyeron en algunos sectores místicos posteriores.

Marcionismo

- Rechazaban el Antiguo Testamento y parte del Nuevo.
- Enseñaban que el Dios del AT era diferente al del NT.
- Declinaron a partir del siglo IV.

Docetismo

- Creencia gnóstica que afirmaba que Jesús no tenía cuerpo físico real.
- Rechazados como heréticos en los primeros concilios.

- Desaparecieron tras el siglo III.

Adopcionismo – Siglos II y VIII

Enseñaban que Jesús no era el Hijo de Dios por naturaleza, sino que fue adoptado como tal en su bautismo.

- Hubo variantes en Asia Menor y más tarde en España con Elipando de Toledo.
- Condenado en varios concilios como herejía cristológica.
- No sobrevivió más allá de los primeros siglos del cristianismo occidental.

Macedonianismo (Pneumatomaquianos) – Siglo IV

- Fundado tras el Concilio de Nicea, promovido por Macedonio I, patriarca de Constantinopla.
- Negaban la divinidad del Espíritu Santo, considerándolo una criatura subordinada, no consustancial al Padre y al Hijo.
- Fueron condenados como herejes en el Primer Concilio de Constantinopla (381).
- Desaparecieron progresivamente en el siglo V, tras el fortalecimiento de la teología trinitaria ortodoxa.

Luciferianos – Siglo IV

- Seguidores de Lucifer de Cagliari, obispo que defendía la pureza de la fe nicena.
- Se separaron cuando Roma readmitió a obispos que habían apoyado el arrianismo.
- No se trataba de adoradores de Satanás, como el nombre sugiere, sino de una secta purista que consideraba heréticos incluso a los conciliadores.

- Absorbidos por otras corrientes tras el siglo V.

Audianismo – Siglo IV

- Fundado por Audius, proponía un literalismo extremo de la Biblia y rechazaba el calendario litúrgico establecido.
- Se mantuvieron como secta marginal en Siria y Armenia hasta su disolución en el siglo V.

Paulicianos

- Movimiento dualista en Armenia y Asia Menor; rechazaban los sacramentos.
- Condenados por la Iglesia bizantina; desaparecieron hacia el siglo IX.

Bogomilismo – Siglos X al XIII

- Movimiento dualista originado en Bulgaria por Bogomil, extendido a los Balcanes.
- Enseñaban que el mundo material era creación del diablo.
- Rechazaban la jerarquía eclesiástica, los sacramentos y la cruz como símbolo de martirio.

Los cátaros: la herejía dualista medieval

Los cátaros fueron uno de los movimientos heréticos más poderosos de la Edad Media, especialmente en el sur de Francia, donde su influencia creció entre los siglos XI y XIII. Influenciados por el dualismo maniqueo, los cátaros creían que el mundo estaba dividido en dos fuerzas opuestas: el bien (el espíritu) y el mal (la materia). Para ellos, la Iglesia católica representaba el mal, ya que sus rituales materiales (como la Eucaristía) perpetuaban el poder del demonio.

Su rechazo a la jerarquía eclesiástica y a las enseñanzas

oficiales de la Iglesia hizo que fueran considerados una gran amenaza para el papado. En 1209, el papa Inocencio III lanzó la Cruzada Albigense para erradicar a los cátaros, lo que resultó en una serie de brutales masacres.

Aunque la secta cátara fue finalmente destruida, el impacto de su rejección de la autoridad papal y la teología tradicional dejó una huella en la historia del cristianismo. Los cátaros desaparecieron, pero sus ideas influyeron en posteriores movimientos reformistas.

Flagelantes – Siglo XIII al XV

- Movimiento laico que surgió en tiempos de crisis (epidemias, guerras), especialmente en Italia y Alemania.

- Practicaban autoflagelación pública como forma de penitencia, a menudo sin aprobación de la Iglesia.

- Rechazaban sacerdotes, sacramentos y la autoridad papal.

- Condenados como heréticos y reprimidos especialmente después de la Peste Negra (1348).

- Desaparecieron como movimiento organizado en el siglo XV, aunque algunos grupos minoritarios persistieron en secreto.w

- Influenció al catarismo, pero desapareció tras la expansión otomana y la represión ortodoxa.

Fragmentación y pluralismo: el mosaico cristiano actual

Una sola fe, muchas formas

A lo largo de dos mil años, el cristianismo ha atravesado múltiples divisiones doctrinales, políticas y culturales. Desde los primeros cismas del siglo V hasta la Reforma protestante, cada etapa dejó nuevas ramas y denominaciones.

Pero lo que distingue al cristianismo contemporáneo no es solo la fragmentación, sino la convivencia de formas muy distintas de entender y practicar la fe. Hoy coexisten iglesias milenarias con comunidades emergentes, teologías antiguas con expresiones modernas, estructuras jerárquicas con congregaciones independientes.

El cristianismo del siglo XXI es una red de redes, más que un bloque uniforme.

La diversidad actual: un mapa en movimiento

Hoy, el cristianismo está compuesto por tres grandes familias:

Catolicismo romano: Con más de 1.300 millones de fieles, es la iglesia cristiana más grande, con sede en Roma y dirigida por el papa.

Ortodoxia oriental: Aglutina unas 260 millones de personas, con iglesias autocéfalas como la griega, la rusa y la serbia.

Protestantismo y evangélicos: Un conjunto diverso de denominaciones, que suma más de 900 millones en todo el mundo, desde luteranos, presbiterianos, metodistas, hasta pentecostales, carismáticos e iglesias independientes.

A esto se suman iglesias orientales antiguas (como los coptos o los armenios), grupos marginales, comunidades mesiánicas, y nuevas iglesias que no se identifican con ningún tronco histórico.

Las nuevas divisiones

Las diferencias ya no giran solo en torno a la doctrina o la autoridad papal. En las últimas décadas, temas sociales y éticos —como el papel de la mujer, la sexualidad, la autoridad bíblica, o el ecumenismo— han generado divisiones internas incluso dentro de una misma denominación.

A su vez, la globalización religiosa ha permitido que movimientos nacidos en África, Asia o América Latina exporten su teología a Europa y Norteamérica, invirtiendo los antiguos flujos misioneros.

El desafío de la unidad

A pesar de las diferencias, existen movimientos de diálogo y reconciliación: el ecumenismo, las alianzas evangélicas, y las cumbres interconfesionales han buscado tender puentes.

Sin embargo, la unidad sigue siendo más aspiración que realidad. Para muchos creyentes, su identidad cristiana está ligada no solo a una fe común, sino a una forma específica de creer, de adorar, de vivir.

En ese sentido, el cristianismo actual refleja el mundo en que habita: plural, complejo, interconectado y en transformación constante.

Panorama del cristianismo hoy

En sus orígenes, el cristianismo fue un movimiento periférico del mundo romano. Con el tiempo, se convirtió en el centro de la cultura occidental. Pero en las últimas décadas, ha vuelto a desplazarse hacia los márgenes.

Hoy, el cristianismo crece con fuerza en regiones del llamado Sur global: América Latina, África subsahariana y el sudeste asiático. Mientras tanto, en muchas zonas de Europa y Norteamérica, experimenta una disminución de miembros, vocaciones y participación.

Las cifras del cristianismo mundial (aproximadas a 2024)

Region	Poblacion cristiana estimada
Africa	+700 millones
America Latina	+600 millones
Europa	+550 millones
Asia	+400 millones
Norteamerica	+270 millones
Oceania	+30 millones
Total global	**+2.5 mil millones**

Expresiones dominantes

- En África, crecen los pentecostalismos, los movimientos carismáticos y las iglesias independientes.

- En América Latina, el protestantismo evangélico avanza con fuerza, sobre todo entre sectores populares urbanos.

- En Asia, el cristianismo vive una tensión entre crecimiento (como en Corea del Sur o China clandestina) y represión estatal.

- En Europa, se observa una marcada secularización, aunque con focos activos en Europa del Este y entre inmigrantes africanos y latinos.

Cristianismo sin fronteras

Hoy el cristianismo es una religión global, multirracial y multilingüe. Se predica en lenguas africanas, se canta en coros latinoamericanos, se transmite por televisión coreana, se vive en comunidades migrantes en Europa. Ha dejado de ser una religión "occidental" para convertirse en una red espiritual mundial.

Su futuro es incierto: algunos predicen más divisiones; otros, un nuevo tipo de unidad basada en la fe compartida, no en la estructura. Lo cierto es que el cristianismo ya no se define por su pasado imperial, sino por su capacidad de adaptarse, resistir y reinventarse en cada nuevo rincón del mundo.

Resumen de ramas, fechas y personajes principales

Iglesia Católica Romana

- Origen: Siglo I, consolidada con autoridad papal en Roma.
- Expansión: Toda Europa Occidental, América Latina, Filipinas, África.
- Personajes clave: Pedro (tradicional), Constantino, Teodosio, León I, Gregorio Magno.

Iglesia Ortodoxa Oriental

- Origen: Siglo XI (Cisma de Oriente).
- Patriarcados: Constantinopla, Alejandría, Antioquía, Jerusalén, Moscú.
- Expansión: Europa oriental, Rusia, Grecia, Medio Oriente.
- Personajes clave: Miguel Cerulario, Focio, Cirilo y Metodio.

Iglesias Ortodoxas Orientales (no calcedonianas)

- Origen: Tras el Concilio de Calcedonia (451).
- Expansión: Egipto (copta), Armenia, Etiopía, Siria, India.
- Personajes clave: Dióscoro de Alejandría, Severus de Antioquía.

Luteranismo

- Origen: 1517, Alemania.
- Expansión: Alemania, Escandinavia, Estados

Unidos.

- Personajes clave: Martín Lutero, Felipe Melanchthon.

Calvinismo / Reforma Suiza

- Origen: 1536, Suiza.
- Expansión: Suiza, Países Bajos, Escocia, Francia (hugonotes).
- Personajes clave: Juan Calvino, Ulrico Zuinglio.

Presbiterianismo

- Origen: 1560, Escocia.
- Expansión: Escocia, EE. UU., Irlanda del Norte.
- Personajes clave: John Knox.

Anglicanismo

- Origen: 1534, Inglaterra.
- Expansión: Reino Unido, África, Oceanía, EE. UU. (episcopalismo).
- Personajes clave: Enrique VIII, Tomás Cranmer.

Anabaptismo

- Origen: 1525, Suiza.
- Expansión: Europa central, Norteamérica (menonitas, amish).
- Personajes clave: Menno Simons, Balthasar Hubmaier, Jakob Ammann.

Bautistas

- Origen: 1609, Holanda e Inglaterra.

- Expansión: EE. UU., América Latina, África.
- Personajes clave: John Smyth, Thomas Helwys.

Metodismo

- Origen: 1738, Inglaterra.
- Expansión: Inglaterra, EE. UU., África, Latinoamerica
- Personajes clave: John y Charles Wesley.

Adventismo

- Origen: 1844, EE. UU.
- Expansión: América, África, Asia.
- Personajes clave: William Miller, Ellen G. White.

Testigos de Jehová

- Origen: 1870s (como Estudiantes de la Biblia), 1931 (nombre actual).
- Expansión: Global.
- Personajes clave: Charles Taze Russell, Joseph Rutherford.

Mormones

- Origen: 1830, EE. UU.
- Expansión: EE. UU., América Latina, Pacífico.
- Personajes clave: Joseph Smith, Brigham Young.

Ciencia cristiana

- Origen: 1875, Boston, Massachusetts, EE.UU.
- Expansión: EE. UU., América Latina, Pacífico.
- Personajes clave: Mary Baker Eddy.

Pentecostalismo

- Origen: 1906, Calle Azusa, EE. UU.
- Expansión: Global.
- Personajes clave: William J. Seymour, Charles Parham.

Neopentecostalismo

- Origen: Desde los años 1960s.
- Expansión: Global, especialmente América Latina y África.
- Personajes clave: Kenneth Hagin, Edir Macedo, T.D. Jakes.

Mapa conceptual de las denominaciones principales

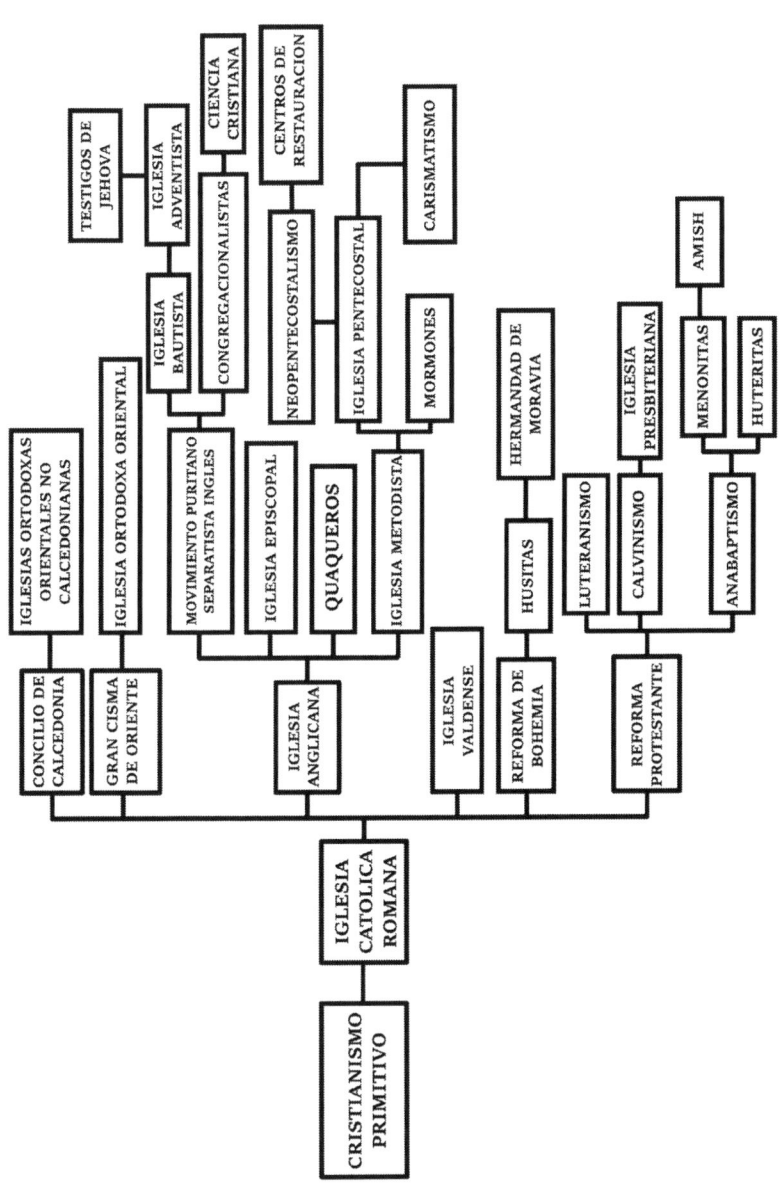

Sub-divisiones internas de las denominaciones principales

Iglesia Catolica Romana: Iglesia Latina, Iglesias Catolicas Orientales (bizantina, alejandrina, antioquena, armenia y caldea)

Iglesias Catolicas Apostolicas Ortodoxas: Iglesia Ortodoxa Griega, Iglesia Ortodoxa Rusa, Iglesia Ortodoxa Serbia, Iglesia Ortodoxa Rumana, Iglesia Ortodoxa Búlgara, Patriarcado Ecuménico de Constantinopla.

Iglesias Ortodoxas Orientales no Calcedonianas: Iglesia Copta Ortodoxa (Egipto), Iglesia Apostólica Armenia, Iglesia Ortodoxa Siria de Antioquía, Iglesia Ortodoxa Tewahedo de Etiopía, Iglesia Ortodoxa Tewahedo de Eritrea, Iglesia Ortodoxa Siria de Malankara (India).

Iglesia Anglicana: Iglesia Anglicana de Inglaterra, Iglesia Anglicana Tradicional, Iglesia Anglicana Reformada, Iglesia Episcopal.

Iglesia Metodista: Iglesia Metodista Episcopal, Iglesia Metodista Libre, Iglesia Metodista Wesleyana, Iglesia del Nazareno, Iglesia Metodista Unida.

Iglesia Bautista: Convención Bautista del Sur (SBC), Iglesias Bautistas Americanas (ABC-USA), Iglesias Bautistas Independientes, Convención Nacional Bautista (NBC-USA), Convención Bautista Nacional Progresista (PNBC), Bautistas Reformados, Bautistas del Séptimo Día, Bautistas Libres, Bautistas del Evangelio Pleno.

Iglesia Adventista: Iglesia Cristiana Adventistra, Iglesia Adventista del Septimo Dia, Iglesias Adventistas Independientes.

Iglesia Pentecostal: Asambleas de Dios, Iglesia de Dios, Iglesia Pentecostal de Santidad Internacional, Iglesia Pentecostal Unida Internacional.

Iglesias Neopentecostales: Iglesia de Dios Ministerial de Jesucristo Internacional (IDMJI), Iglesia Universal del Reino de Dios, Iglesia El Rey Jesús, Centros de Restauracion, Misión Carismática Internacional (G12), Iglesias Independientes

Anabaptistas: Menonitas de la Nueva Orden, Menonitas de la Antigua Orden, Menonitas de la Colonia Antigua, Amish de la Nueva Orden, Amish de la Antigua Orden, Swartzentruber Amish, Beachy Amish, Amish Reformistas, Troyer Amish, Amish de la Nueva Orden Progresista.

Epílogo

Memoria, legado y el cristianismo hoy

Cuando el lector cierra un libro como este, es inevitable preguntarse: ¿cómo pudo una fe nacida de un mensaje de unidad, amor y redención terminar tan fragmentada? ¿Cómo es que una misma raíz ha producido tantas ramas distintas, tantas voces, tantos caminos?

Y, sin embargo, esa diversidad no es únicamente señal de ruptura, sino también de vitalidad. Como los anillos de un árbol antiguo, cada división, cada concilio, cada reforma, nos habla de las épocas vividas, de los desafíos enfrentados, de las ideas que se sembraron y las decisiones que se tomaron. No es una historia de perfección, sino de humanidad.

Este libro ha sido un recorrido por los ríos de la historia cristiana, desde su fuente en la Palestina del siglo I hasta su vasto delta contemporáneo. Hemos caminado por los pasillos de concilios, atravesando guerras y disputas doctrinales, escuchado las voces de emperadores, papas, reformadores y visionarios. Todos ellos, con sus luces y sombras, fueron protagonistas de una historia que aún continúa.

En nuestros días, en una era donde las divisiones parecen multiplicarse, mirar hacia atrás con ojos críticos pero comprensivos nos permite entender que la unidad no siempre significa uniformidad, y que la diversidad no tiene por qué ser enemiga del diálogo ni del respeto mutuo.

Que este libro sirva como una invitación no solo a conocer el pasado, sino a comprenderlo. Porque solo al comprender nuestras raíces —aun las más controversiales— podremos caminar con mayor sabiduría hacia el futuro.

La fe cristiana, pese a sus divisiones, sigue siendo una de las narrativas más influyentes de la historia humana. Y su historia, como hemos visto, no es solo la historia de una religión: es parte esencial de la historia del mundo.

Conclusión

A lo largo de los siglos, el cristianismo no ha sido una corriente estática, sino un cauce vivo, moldeado por contextos políticos, culturales, lingüísticos y sociales. Desde su origen en una pequeña comunidad judía en la región de Judea hasta su expansión global, la fe cristiana ha vivido en constante evolución, fragmentación y reconstrucción.

Las divisiones que marcaron su historia —desde los primeros debates cristológicos hasta los grandes cismas de Oriente y Occidente, pasando por las convulsiones de la Reforma protestante y el surgimiento de innumerables denominaciones modernas— no fueron simples accidentes doctrinales. Fueron el reflejo de un esfuerzo humano por comprender lo divino desde realidades siempre cambiantes.

Hombres como Constantino, Teodosio, Martín Lutero, Enrique VIII, Miguel Cerulario, Juan Calvino, Thomas Cranmer, Joseph Smith, William Miller o Charles Parham —por mencionar solo algunos— no fueron solo figuras religiosas. Fueron actores históricos cuyas decisiones moldearon estructuras, definieron culturas y alteraron el rumbo de civilizaciones enteras.

Cada concilio, cada cisma, cada movimiento — carismático o institucional— dejó una huella profunda. No solo en el ámbito eclesiástico, sino también en la historia del pensamiento, en la política de los pueblos, en las artes, en la educación y, sobre todo, en el alma de millones.

Hoy, el cristianismo se presenta como un árbol de raíces comunes y ramas diversas. Algunas crecen en direcciones opuestas; otras se entrelazan. Algunas florecen con vigor en contextos culturales específicos, mientras otras luchan por sostenerse con el paso del tiempo.

Este libro no busca declarar cuál rama es más fiel o legítima. Su propósito ha sido trazar un mapa histórico de un fenómeno complejo y profundamente humano: la búsqueda de sentido, de verdad, de Dios.

Porque en el estudio de las divisiones del cristianismo se refleja, en última instancia, la historia del ser humano: dividido, sí, pero también constante en su intento por entender lo sagrado.

Nota del autor

Escribir Divididos por la fe fue una meta que tuve desde hace muchos años, una meta que hoy veo cumplida. Siempre me interesó saber por qué, si tantas iglesias dicen seguir a Cristo, hay tantas diferencias entre ellas. Esa pregunta me acompañó durante mucho tiempo, y este libro es, en parte, el resultado de intentar responderla.

Desde que descubrí mi pasión por los temas religiosos e históricos, supe que algún día quería escribir algo que ayudara a otras personas a entender lo que yo mismo trataba de comprender. Este no es un libro escrito por un teologo ni por un historiador profesional. Soy simplemente una persona que se interesó profundamente por el tema, que leyó, investigó, preguntó, comparó fuentes y se sentó, poco a poco, a escribir. No con la intención de convencer, ni de imponer una visión, sino con el deseo de aportar claridad, respeto y contexto.

A medida que escribía, me fui dando cuenta de que no estaba hablando solo de historia, sino de personas. Detrás de cada concilio, de cada reforma, de cada división, había creyentes sinceros, líderes con aciertos y errores, y comunidades que buscaban vivir su fe de la mejor manera que sabían. Es fácil mirar hacia atrás y criticar lo que hicieron otros, pero más difícil es ponerse en sus zapatos y tratar de entender por qué hicieron lo que hicieron. Esa fue mi intención: tratar de entender.

Este libro no busca señalar con el dedo, ni defender una postura doctrinal. Lo que pretende es ofrecer un mapa, una visión general de cómo llegamos a este punto. De cómo una fe que comenzó unida terminó dividida en tantas ramas. Y aunque las divisiones existen, eso no quita el valor del origen ni la sinceridad de muchas personas que han buscado a Dios a lo largo del camino.

Agradezco profundamente a quienes me apoyaron en este proceso. A quienes me hicieron preguntas que me empujaron a investigar más. A quienes me animaron a seguir escribiendo. A quienes leyeron los primeros borradores y pusieron su granito de arena.

Y gracias a ti, lector, por llegar hasta aquí. No sé quién eres ni desde qué lugar estás leyendo esto, pero me alegra que hayas querido recorrer este camino conmigo. Ojalá este libro te haya dado algo: una nueva perspectiva, una pregunta importante, una respuesta necesaria, o tal vez solo un momento de reflexión.

Lo escribí con respeto, con cuidado y con todo el corazón. Porque creo que conocer nuestra historia nos ayuda a entendernos mejor.

Gracias por leerme.

Loammi Abiezer

Glosario de términos históricos y religiosos

Adopcionismo
Doctrina cristológica que afirmaba que Jesús fue adoptado como Hijo de Dios en un momento de su vida (por ejemplo, en el bautismo), y no lo fue desde su nacimiento o eternamente.

Anglicanismo
Rama del cristianismo surgida en Inglaterra en el siglo XVI bajo el reinado de Enrique VIII, que conserva elementos del catolicismo y del protestantismo. Su cabeza es el monarca británico.

Arrianismo
Doctrina propuesta por Arrio (siglo IV), que sostenía que Jesús no era igual al Padre, sino una criatura subordinada. Fue condenada en el Concilio de Nicea (325).

Bautismo
Rito de iniciación cristiana que simboliza el perdón de los pecados y el ingreso a la comunidad de creyentes. Sus formas y significados varían entre denominaciones.

Canon bíblico
Lista oficial de libros considerados sagrados y autorizados como Escritura por una comunidad cristiana. Las distintas ramas del cristianismo reconocen diferentes cánones.

Cisma
Separación dentro de una comunidad religiosa. El más conocido es el Cisma de Oriente (1054), que dividió a la Iglesia en católica romana y ortodoxa oriental.

Concilio
Asamblea de obispos y líderes eclesiásticos para tratar temas doctrinales o disciplinarios. Los concilios ecuménicos son reconocidos por toda la Iglesia cristiana primitiva.

Cristología
Estudio teológico de la naturaleza y obra de Jesucristo. Ha sido origen de muchas divisiones y debates históricos.

Doctrina
Conjunto de enseñanzas oficiales de una iglesia o tradición religiosa.

Ecumenismo
Movimiento que busca el entendimiento, diálogo y unidad entre las distintas confesiones cristianas.

Excomunión
Expulsión formal de una persona de la comunidad eclesiástica, privándola de los sacramentos.

Herejía
Creencia o enseñanza contraria a la doctrina oficial de una iglesia. El término ha sido usado históricamente para condenar desviaciones teológicas.

Iglesia ortodoxa oriental
Comunión de iglesias autocéfalas (independientes), que surgieron tras el Cisma de Oriente. Conservan la liturgia bizantina y una teología propia.

Iglesias ortodoxas orientales (no calcedonianas)
Conjunto de iglesias (copta, siria, armenia, etíope, etc.) que rechazaron el Concilio de Calcedonia (451) por su definición cristológica.

Justificación por la fe
Principio central de la Reforma protestante según el cual la salvación se obtiene solo por la fe en Cristo, no por obras o méritos humanos.

Liturgia
Conjunto de rituales, oraciones y ceremonias que componen el culto religioso. Varía ampliamente entre denominaciones.

Monofisismo
Doctrina que sostiene que en Cristo hay solo una naturaleza, la divina. Fue rechazada en el Concilio de Calcedonia.

Miafisismo: doctrina cristiana que afirma que en Jesucristo existe una sola naturaleza unida, divina y humana junta

Diofisismo: término teológico usado para identificar un punto de vista particular de la cristología, que entiende que en la persona de Jesucristo existen dos naturalezas, divina y humana, al mismo tiempo.

Neopentecostalismo

Movimiento contemporáneo dentro del cristianismo evangélico, caracterizado por un énfasis en milagros, prosperidad, guerra espiritual y liderazgo carismático.

Papas

Obispos de Roma, considerados por la Iglesia católica como sucesores de Pedro y líderes supremos del cristianismo.

Pentecostalismo

Movimiento cristiano surgido a comienzos del siglo XX, centrado en la experiencia del Espíritu Santo, los dones carismáticos y el avivamiento espiritual.

Reforma protestante

Movimiento del siglo XVI iniciado por Martín Lutero, que buscaba reformar la Iglesia católica y terminó dando origen a nuevas denominaciones cristianas.

Sola Scriptura

Doctrina protestante que afirma que la única fuente de autoridad para la fe y la vida cristiana es la Biblia.

Teología

Estudio de Dios y de las creencias religiosas. En el cristianismo, incluye doctrinas sobre Cristo, la Iglesia, la salvación, etc.

Trinidad

Doctrina cristiana que afirma que Dios es uno en esencia y trino en personas: Padre, Hijo y Espíritu Santo.

Escatología: Es el estudio de las "cosas ultimas", como el fin de los tiempos, la vida despues de la muerte y el destino final de la humanidad o del universo.

Bibliografía y fuentes

Fuentes primarias

- Concilios ecuménicos (actas y cánones):
- Acta Conciliorum Oecumenicorum, ed. C. H. Turner.
- The Seven Ecumenical Councils of the Undivided Church, Philip Schaff (Ed.), Nicene and Post-Nicene Fathers, Series II, Vol. XIV.
- Escritos de los reformadores:
- Martín Lutero, 95 tesis (1517)
- Juan Calvino, Institución de la religión cristiana (1536)
- Thomas Cranmer, Book of Common Prayer (1549)
- Padres de la Iglesia:
- San Atanasio, Sobre la Encarnación
- San Agustín, La ciudad de Dios
- Edictos imperiales:
- Edicto de Milán (313 d.C.) – Constantino y Licinio
- Edicto de Tesalónica (380 d.C.) – Teodosio I
- CIA, National Security Archive, Foreign Relations of the US

Fuentes secundarias

- González, Justo L. Historia del cristianismo, Tomos I y II. Editorial CLIE.
- McGrath, Alister. Cristianismo: Introducción a una religión mundial. Ediciones Sígueme.
- Chadwick, Henry. La Iglesia Primitiva. Ediciones Cristiandad.
- Latourette, Kenneth Scott. Historia del cristianismo. Ediciones Vida.
- Hillerbrand, Hans J. The Protestant Reformation. Harper Perennial.
- Pelikan, Jaroslav. The Christian Tradition: A History of the Development of Doctrine. University of Chicago Press.

Enciclopedias y compendios

- Encyclopedia of Christianity, Erwin Fahlbusch et al.
- The Oxford Dictionary of the Christian Church, ed. F. L. Cross y E. A. Livingstone.
- Diccionario de los Concilios, Editorial San Pablo.
- The Cambridge History of Christianity (Serie en 9 tomos).

Sitios y recursos digitales consultados

- Vatican.va (Documentos del Vaticano)
- EarlyChristianWritings.com
- ChristianHistoryInstitute.org
- Orthodoxwiki.org
- BBC – Religions: Christianity
- World Council of Churches – www.oikoumene.org
- Pew Research Center – Religious Landscape Studies
- history.state.gov (Intelligence Memorandum 09/69, Washington, October 9, 1969).

Made in the USA
Middletown, DE
04 December 2025

21722880R00137